疾風勁草——
著作權的風雨歲月

賀德芬 著

疾風勁草——著作權的風雨歲月

序言 iii

I 初窺堂奧——觀念的揚播
進步觀念、新的契機——著作權法行將面對的一些問題 3
著作權——若干觀念的澄清 9

II 撥雲見日——迷霧中的著作權
迷霧中的著作權——文化、商業、科技、法律的煙硝戰場 ... 17
台灣著作權問題的探討 23
著作權的迷惑 26

III 爾虞我詐——台美談判桌邊的著作權
謹慎應對台美貿易談判 31
認真面對三○一危機 34
面對台美智慧財產權談判我們應有的態度 37
痛心疾首話台美經貿談判 40
台美智慧財產權談判評議 43
著作權法的坎坷歧途 46
從著作權談判看政府的談判策略 49
從 MTV 談判探索決策的黑箱 52
著作權的悲哀，文化的末路 56
中美貿易開戰的警惕 62

IV 立法訂制——著作權「法」的世界

著作權審查取得的商榷	67
呼籲立法院慎審著作權法	75
著作權立法應採的途徑	77
盜印風中的著作權法	87
著作權創作主義必須建立	93
審議著作權法應極審慎	95
立委們，請放慢您的腳步！	97
著作權法的過去、現在和未來	99
著作權保障的迢迢長路	112
迎接文化開啟的新紀元	119

V 春華秋實——著作權的豐富內涵

停止盜印，掌握文化升級契機	125
化著作權阻力為研究助力	131
校園著作權	134
科技發展與法律——從電腦官司談起	139
我著作權法應保護電腦軟體	145
著作權法也應保護外國人的作品	147
免費獲得翻譯權的時代不再有了	152
翻譯權是必須堅守的城池	157
為音樂著作權團體借箸代籌	159
談中共的著作權保護	164

序　言

　　我從不敢以「韶光荏苒」、「歲月如梭」等用語來傷懷自己的逝去年華，總覺那太過老套，卻又十分孩子氣。但「一年春事都來幾，早過了，三之二」的惆悵，卻禁不住不時襲上心頭。

　　人生確如浮光掠影，白駒過隙，稍縱即隱沒在宇宙洪荒之中，了無痕跡。但是，每一個人在這一生中的路徑上，刻意的，或不經心的，好的或壞的，縱使是雪泥鴻爪，也必然會留下痕跡，是超越個人生命的客觀存在。不但時序要長得多，對大社會的影響，更是深遠。

　　著作權就是一例。

　　歷經三十年歲月的洗鍊，台灣的著作權，從粗糙不文的一塊頑石，終於淬煉成了有模有樣，可以發揮功能的有用之器。未來十年，甚至百年，它會繼續成長、成熟，以呼應所在社會的需要。它的生命較諸任何個人，是要長遠深邃多了。

　　著作權是個非常奇妙的法學領域。它發展既晚，又一直不是法學的核心，然而，它卻是社會文明的一個指標，需要一塊沃土，才能孕育、發展而告健全。它需要有活躍的創新能量，它需要有富裕的物質和精神基礎，它需要有懂得尊重他人的民主素養，它更需要完備的法治觀念和制度。著作權在早期雖毫不起眼，但卻牽引著文化、社會、經濟和政治的互動。而這些營養成分，在過去的台灣和中國大陸，都是相對貧瘠的。

　　在上個世紀七〇年代，台灣社會正處於各方面都在做巨大變革的狂飆時期。政治上，極權統治正待退位，民間要求民主

序　言

的行動如火如荼。經濟上，台灣的代工業已發展至顛峰，知識經濟的新紀元蓄勢待發；文化上，已有雖微弱卻未曾斷絕過的要求，呼喊著精緻文化。在這麼一個大轉捩點上，正是著作權發揮功能的時刻。

台灣內部面臨轉型的需求，外部遭受國際上譴責仿冒的重大壓力。尤其與台灣關係最密切的美國，在七〇年代石油危機當下，轉而將焦點放在產值不亞於石油、鋼鐵，行銷更遍及世界每一角落的智慧財產上。台灣首當其衝，在美國三〇一條款及貿易配額的壓力下，亦驚亦悚、亦步亦趨的重建著作權法制，強力的將著作權推向世界浪頭。

我何其有幸生逢大轉折的盛世，豈能自我侷限在純理論的鑽研中，而冷漠於實踐的必要，那豈能對得起我所學習的知識？更有負作為一個知識份子的使命和熱情。但對於一個學者的角色定位，與傳統的期待終究有些扞格不入，也會帶來負面的評價和影響。幾經掙扎猶豫，最後，我還是不由自主的投入了現實社會，有點像個社會工作者，盡全力鼓吹著作權的重建。

那當然不是一條平坦的道路。

二十世紀七〇年代，彷彿距今已十分遙遠，但某些記憶仍非常清晰。那是一個封閉、保守，老代表仍在職，國家機器將鬆動，舊勢力卻仍掙扎著反撲的年代。正所謂初生之犢不畏虎，我藉著每一個場合，每一篇短文，針對著立法、行政部門大聲疾呼，幾乎到了疾言厲色的地步。終於，有一次會議中，有個老立委，是早年的國會之花，氣憤的指著我說道：「賀教授，妳每次指責我們立法院，是弄錯了對象。妳可以仔細比對一下，

我們通過的法案,和行政院的草案有那點不同,我們是一個字都沒有改的。」

那個時候,立法院以捍衛國家政策為最忠誠的職守,再不,就是揚言他們代表的是十幾億中國人的民意。尤其,我再三強烈呼籲廢除著作審查機制,還著作權天賦權利的本質。在某些人眼中,那絕對是違反國策,居心叵測的陰謀。幸虧已到了七〇年代,若是早個十年,叛亂、顛覆的罪名按上頭來,也不足為奇。還好,當時僅憑著一股熱情和理想,我渾渾然不曾感受到政治上的壓力。甚至還從此開啟了作為一個學者,也能走出象牙塔的契機,以所學所知,更積極投入民主的大洪流,進行教育和媒體的改革運動,讓純理論也有實踐的可能。

艱難的倒在,要在忙碌的學術工作之餘,尤其慣於作艱澀思考和寫作的法律人,要改變學術風格,以通俗易懂的言語,不停、反覆的去陳述、呼籲嶄新的觀念,而這觀念不但抽象,還和絕大多數人的現實利益相背離。而今回首再看這些作品,但覺文辭枯澀,用語平庸。只是,仍感受得到那時聲嘶力竭、苦口婆心的吶喊,一心只想讓台灣的著作權能追上國際水準,重振中華文化雄風的渴望,倒是情真意切的。

尤其,那時正值少壯,不但有學術上的壓力,家中還有嗷嗷待哺的三個稚齡學童。我只有把廚房的餐桌當書桌,一面盯著爐火中燉著的湯湯水水,準備著當天的晚餐和隔天的便當,一面趕著有字數限制和時間限制的文稿,等著晚飯前,專人來取,立即付梓上版。讀者恐怕很難想像,這麼剛硬的文字背後,其實是滲得出飯香的。

序　言

　　著作權雖然是在內外交迫、有些勉強，也不太情願下給逼出來的。但知識經濟的前景在當時已露出端倪。對台灣，尤其是從加工產業轉型成創意產業的關鍵，著作權在此時所能發揮的作用，大矣！

　　台灣地狹人稠，天然資源不足，所以能創造經濟奇蹟，所仰賴的是「人」的力量。台灣人的靈活、打拼，拎著〇〇七手提箱走天下的形象，和 MADE IN TAIWAN 的標籤，同樣成為台灣印象。而且，知識經濟，正是給台灣這等類型的國家趕上、甚至超越歐美工業大國的一個機會。在資訊世界的嶄新領域裡，在腦力、IDEA 的競爭上，不需龐大的土地、鉅額的財富，無名小子，白手起家，重新站在相同的起跑點上，就像比爾蓋茲一般，都能稱霸世界。如今，印度、中國等國家的資訊工業雖仍多在代工階段，但其產值對國家經濟發展的重要性，已不言可喻。而台灣，近些年創新的潛能，更是成為年輕人最雄厚的競爭力。我認為，台灣未來的希望，就寄託在人的「腦力」及「創意」之上。

　　著作權是個充滿了驚奇，多變的領域。它永遠都在與科技賽跑，只要科技不斷的往前躍進，著作權就有層出不窮的新議題，因此，這也是一條沒有盡頭的漫漫長路。別說西方的文藝復興、畢昇發明活字版、蔡倫造紙，孕育了著作權的生命，是那麼古老遙遠的故事。即使在二十世紀的七〇年代，又有誰能逆料得到今日網路的世界？誰能想像，當年最令人傷透腦筋的唱片、錄影帶仿冒問題，早被數位化的科技取代，不再重要；而明明是為保護文化創作者個人而興起的著作權，卻只有在創作具市場價值，能產業化時，才有用武之地，甚至，成為大財

序言

團操弄的工具。這其間的矛盾、迷思,使得著作權的研究討論,將永無止境。

然而,儘管科技再是何等的神奇超越,乃至一般俗凡人等無從預估先知,著作權終究有萬變不離其宗的基本要旨,例如,對個體的尊重、公利與私益的平衡、乃至公利的超越而有權利的限制等,幾乎都是人道主義的底線,是無論如何都要堅守的。

就像,電子書的潮流,是時代的寵兒,任誰都忍不住要讚嘆如是奇妙的科技發展。而書香的迷人,翻動書頁觸感的魅力,在在令人陶醉,卻是永遠的、無可取代的依戀。如今,這本著作權的歷史紀錄,何其有幸,也能趕上浪頭,既能以最科技的形式再現,又緊緊著風簷展書讀的情懷,兩者兼而得之,較諸個人生命更能延續它的意義,當也不負了這青山白頭。

賀德芬

2010.12.31 於勁草書房

I

初窺堂奧——
觀念的揚播

進步觀念、新的契機——著作權法行將面對的一些問題

　　爭執奮鬥了多年的著作權法修正草案，終於在日前由行政院邱副院長主持的一次會議上，決定採行著作物不論是否登記註冊，都能受到著作權法的保護，以及登記時不得審查著作物的內容兩大原則。同時就重罰的民間要求，同意加重民事損害賠償額度，刑罰自由刑部分則降低至與相關法規量刑平衡程度。此種明智且合乎法理的決定，終能欣見文化發展顯露一道曙光，實在是令關心文化發展的人士及創作人，都大舒一口氣，而額手稱慶。

　　不過，著作權法之修正僅在行政院內作業階段，距通過實施仍有一段漫長艱困的路途，其間更有某些似是而非的謬論混淆視聽。為恐今後影響政府的既定決策，乃不得不就若干論點，加以澄清。

自然發生主義源自英國

　　著作權法的自然發生主義，早在英國一七〇九年公布立法史上第一部著作權法——安妮法案時，即已承認著作權是天賦人權，隨著作的完成而自然發生權利。在此之前，英國政府藉出版公司（Stationary Company）由國家壟斷出版業務，以行言論上的箝制審查。一六九四年英國廢除審查法後（Censership Act），就再也不曾有類似法規，可用以干涉著作權的保障。

美國早期制定著作權法亦沿襲英制未曾採審查規定。一九〇九年的法規以出版為界，出版後的作品受著作權法的保障，未出版的作品改受習慣法的保護。此種制度一則是立法當時受出版界的壓力，為保障出版界的利益而設。再則，英美法系習慣法在司法體系上居有極高的地位，給法官很大的自由裁量權，對著作人權益的保護毫不遜色。一九七六年，美國著作權法做大幅度的修正，取消此種二元主義，凡著作物自完成時起，一概受著作權法，亦即成文法規的保護，不再因出版與否而有不同的待遇。

日本在十九世紀，版權條例時代，雖曾採過審查制度。此種藉著作權而行言論檢查的辦法早隨專制政府而過去了。而今，凡屬民主開放的國家，沒有還採「審查」制度的。

進步國家多無登記制

除美、日外，目前文化先進國家連登記辦法都已不採用。登記（或稱註冊）是怎麼個來由呢？英國在安妮法案當時，為充實國家圖書館的藏書設備，乃規定著作權人必須贈送其出版書籍給牛津、劍橋、蘇格蘭、倫敦等大學的九個圖書館，違者予以罰金，但並不影響著作權的取得。後來，美國援引此制，在立法之初，雖曾遭許多譏評，唯為充實國會圖書館藏書，乃變通規定由國會圖書館職掌著作權業務，並須繳交作品給國會圖書館收藏。迄今，美、日的這種登記徵書辦法，不但在國際上，在其國內亦為學者批評為落伍陳舊的制度。報載某政府人士謂美國新著作權法有恢復審查之說，真乃無中生有，虛妄不實之託辭。

進步觀念、新的契機──著作權法行將面對的一些問題

在法學界認為，美、日法制早已不足為典範，而國內文化界呼籲修改著作權法時，因見觀念之扭轉不易，乃退而求其次，勉強爭取以之替代應採的自然發生主義，並不意味採登記辦法即為最好的制度。

美、日的著作權登記憑證，**僅為權利存在、移轉和設質、消滅的一項推定（Prima facie）證據**，因為著作權的「權」不是政府「給」的，而是隨著作之完成而自然產生的。如遇有爭執時，其有關權利存在與否的認定，仍有賴法院的裁判。這也是舉證責任轉換的法理，原本應由原告負舉證責任的爭訟，因「舉證之所在，敗訴之所在」法律運用上的結果，使著作人因登記程序的完成，免除權利存在的舉證責任，而改由被告負對方權利不存在的舉證責任。只要被告所舉證據確鑿，即使合法登記的權利，也可能被法院所推翻。所以實無可能有合法的原著作人將依著作權法服刑的情事發生。

至於是否有著作權的侵害，法院當可依作品是否相似，完成著作的時間等證據，或依專家的鑑定予以裁決。

行政機關的責任

行政權的擴張，須建立於理性的基礎上，更有賴於深厚的民主素養和法治精神。即使如此，公權力的介入也有一定的限度，否則即違反權力分立的基本原則。著作權是憲法所保障的私人財產權和人格權，其取得乃由於著作的完成，無待政府的授與。其是否願取得司法救濟，亦應出於權利人的自由意願。司法本就是被動，不告不理的，不會保護在權利上睡眠的人。

即使因著作權涉及社會文化的發展，對侵害者也給予行政罰及刑事制裁。但各國法制大都偏重民事賠償，以剝奪侵害人的不當得利，彌補受害人的損失，並不刻意加重刑事上自由刑的制裁。其所以如此，一則，由於近年來短期自由刑所出現的流弊，不能達到刑事政策更傾向於矯治和預防的效果。二則，由於著作權既屬私權，就不應由公權力做過多的干預。

行政機關在著作權的範圍內，所應扮演的角色，應有如日本文部省著作權局所擔任的工作：**推廣著作權知識，研究著作權制度的改進，或介入仲裁業務**。實不應以司法能力不足為藉口，輕易越俎代庖，侵犯了司法的獨立性，違背權力分立的民主原則。或許在法制改建初期，會有一段陣痛期，但為民主法治前途，為文化發展的生機著想，司法當局理應當仁不讓，勇於任事，培養專才。在量刑方面作較週詳之考慮，切實的嚴格執行，方不辜負民法的初衷。

我們還是要再一次的呼籲，行政的歸行政，司法的還給司法。為了原則，千萬不能遷就現實，如此，著作權法的成就，是指日可待的了。

以往多年，在內政部主持的審查登記的制度下，著作人難獲保障，盜印猖獗，國內國際，惡名昭彰，其嚴重性遠甚過任何採創作主義、尊重司法的國家。如再不順應世界潮流，縮短與國際間的差距，甚或採超越的作法，則文化建設勢必因創作之生機久遭扼殺而流於空談。

事實上，著作權的維護，除了有合理的著作權法外，尚須建立全民正確的觀念，特別是司法界的配合，出版界的覺悟，始能竟其全功。但下面幾點可能的發展，仍值得特別注意：

今後應注意之處

1. **政府應建立著作權法絕非侷限於書籍出版的觀念。**著作權法的範圍自二十世紀初期起,即已因傳播科技的發達,擴及至音樂作曲及演奏(唱),以及其複製。再及廣播電視、電影錄影、影印電腦、衛星傳播、微影、微卡等凡能將人類的精神創作,具體傳達於外,而讓人能以感官知覺的表現形象。書籍盜印固然是目前最嚴重的問題,也佔據著作物的大部分,但音樂的盜版,電視的側錄,顯然更為嚴重。無寧說新的傳播科技所帶來的問題,才是著作權法應該關心的重點。

這些新的媒體無論在管理和複製過程中所產生的日新月異的情況,遠比書籍的問題要複雜而重要。如立法時仍僅固執於書刊審查登記應否之爭,而忽略了其他問題的重要性,則著作權法的修訂不久即又將捉襟見肘,難以肆應需要。我們主張對科技導致傳播形態改變應特別加以重視,主管官署更應該潛心吸取這方面的新知,開通觀念,因勢利導。

2. **全國人民都應建立尊重著作權的觀念,**以之為最起碼的道德態度。雖然,著作權的保障會使書價提高,但為貪圖便宜購買盜印抄襲的作品,與幫助竊盜犯及銷贓並無兩樣。買書人也都是愛書人,愛屋及烏,也應該珍惜創作人的心血。為了長遠的文化生命著想,為了我們,也為了子孫有更美好的明天,我們都應該培養拒買盜印品的習慣。這項工作,主管著作權的機關及文化界,應大力推廣宣傳,以之為使命,間接促成法治社會的建立。

3. 書價的高低，原本應由自由市場以供需定律來訂定。但在著作權法嚴格實行之初，不妨以非常時期農礦工商條例的精神，對於書價，**尤其是已屬公共物的製版作品，給予合理的限制，以利一般民眾的使用。**而有關教育的使用，應確實遵行著作權法中的「公平合理」條款，使能獲得免費的使用。或由國家廣設各項學術基金予以補助，以解決學術教育機關負擔權利金的難題。

4. 為提高文化水準，固然須在量的方面鼓勵創作，然在質的方面更**應從速建立出版物評鑑制度**，以防止粗疏浮濫作品充斥市場，影響學術品質，甚至誤導政府決策。這些工作雖然艱鉅，但卻都是我們不得不努力的目標。

著作權法修正草案不久即可送立法院審查，我們熱切地希望立法院的委員們，能予本案以特別注意。因為這是關係文化成長的大事，也是國家現代化過程中的重要轉機之一。希望立法院以公正、清明的態度來處理此案，必要時可邀請朝野有關人士前往作證。因為，這個法案的關係太深遠了。

▌著作權──若干觀念的澄清

自三月三十日起聯合報連著三天刊載有關我國參加國際版權組織座談會紀錄一文。國內文教界能拋棄狹隘的保守眼光，來正視這個問題，是可喜的現象。而諸位參與的先進，見解精闢，十分令人欽佩。不過其中有數項論點，很容易造成誤解，仍有待斟酌與補充。我國著作權法甚為落伍，問題頗多，現也只能就座談會中所提到的幾項重點，予以說明。

著作權法的重要性

先談著作權法有無存在的必要。目前盜印所以猖獗，因素很多。諸如**著作權觀念未能建立，人民守法精神不足**，只要有利可圖即不惜以身蹈法，完全忽略對他人著作應有的尊重。

又如，**司法機關未曾確立保護著作權**，可以促進社會文化進步的觀念，而誤以為僅涉及著作權人個人的損失，處刑過輕，未能以儆效尤，產生遏阻的功能。但最終原因是我國現行的著作權法較世界潮流落後了幾近一個世紀之故。

至今，我們的著作權，仍以經政府登記審查後方能取得，由於程序繁瑣，著作人常常怠於申請。一旦發生糾紛，不能受到著作權法的保護，就只能退而求其次，尋求民法上侵權行為的規定來救濟。然而，主張侵權行為需負對方是故意、過失的舉證責任，並詳列實際所受損害的金額，又受短期時效的限制，都對被害人非常不利。而且，民事程序迂緩，當事人疲於出庭

應訊,故實務上多以和解了事。司法懲戒既不能產生嚇阻作用,盜印又有鉅利可圖,難怪盜印之風始終制止不了。

治本之道,不僅不能廢棄著作權法而完全以民法取代,反而更應加強著作權法的功能。修改現行規定,**使著作權的取得程序簡化**,凡有著作即受保護。一有侵害,立即依著作權法罰則的規定懲處。民事上的金錢賠償與刑法上的徒刑並用。主管機關還可依行政司法的原則,逕行沒入或銷毀其製版。只要司法機關嚴格執行,侵害人既要賠償巨額金錢,又有囹圄之災,恐怕就不敢輕易以身試法了。

再者,著作權法甚至可與專利權、商標權合而**設立專業法庭**,**職司其事**,斷不可反退而交由民事法庭處理。放眼世界各進步國家,英國在一七〇九年就建立了法制史上第一部著作權法。美國獨立不久,幾乎與立憲同時就建立了著作權法,其他如德、日等國的著作權法也是源遠流長,從未聞有任何一個國家有廢除著作權法之議。只有規定愈縈詳,保護愈周密!著作權法既擔負著促進文化的重任,豈能輕易忽視。

著作權與版權的釐清

著作權與版權在一般的觀念常混淆不清,甚或誤以為是同一件事。實則著作權的內容包括了一切以具體形態表現的精神創作物。我們的著作權法第一條即規定著作權的標的包括文字著譯、美術之製作、樂譜、劇本、發音片、照片及電影片。

著作權保護的內容不僅在重製,尚包括公開演奏及上演權。**版權是將著作物出版或重製的權利,是著作權諸多內容之一種**,

受著作權法規範。民法各種之債的出版契約,所涉及著作人與出版人的權利義務關係,是一種示範性的任意規定,當事人可以依照自己的意思決定契約內容。與版權的被侵害、著作物的被抄襲、被剽竊並無多大關係,只能說著作權中的版權已移轉與出版人享有而已。著作人仍保有其他的權利,如翻譯權、改作權或表演權等。

至於出版法所規定的,是著作物出版後,其內容是否溢出憲法所保障言論自由的範疇,是否違反出版法所禁止的規定,應否予以懲罰等,與著作權的授與、取得無緊要關係。

法治精神的建立,不但要求人民消極履行義務、遵守法律,更應鼓勵人民積極保護其應有的權利。著作人此時當積極建立正確觀念,明瞭著作權所包含的內容不止出版權一項。當與出版商簽訂出版契約,或是委託其出版時,本人仍享有出版權;或是讓與出版權,仍保留其他的權益。即使出讓所有的著作財產權,著作人仍保有精神上的權利,不許他人任意將原著作改篡、割裂、變匿姓名或更換名目發行。

至於出版人的權利,則依出版契約而定,如果著作人所轉讓的是「出版權」,固能受到著作權法禁止他人侵害的保障。如只委託出版商代為出版,則出版權仍由著作人保有。依現行規定,凡是未經登記審查通過取得著作權的,無論是著作人或出版人,是連出版權都落空的。被侵害後只能訴諸民法,請求權利受侵害的賠償。

翻譯權的問題

現行著作權法並非絕對不談翻譯權的。著作權法施行細則第十八條規定與我國享有互惠待遇的外國人,得在我國聲請著作權保護,但不包括翻譯同意權。

這種規定是在一九○三年滿清政府與美國訂立友好條約,為了我國教育及科技的需要,特別保留下來,而沿襲至今。依照此規定,我國人民可任意翻譯外國人的作品,但就翻譯者的譯本而言,仍享有二十年的著作權,只是不能禁止他人就原著另為翻譯。翻譯本是不容他人盜印、抄襲或剽竊的。民國六十六年高等法院刑事庭就新力出版社所出版之日文中譯本「語言的心理學」一書,判決認定受到侵害即為一例。

至於,國人的著作,依著作權法第一條的規定包括「著」、「譯」二者。只要是具有國籍的人民,無論用何種文字著述,都應受保護。同時著作人享有翻譯同意權,非經其同意,不能任意翻譯。而翻譯同意權,可同時授權給幾個人,因為著作權所保護的是精神的創作,翻譯須使用自己安排的語言,自行遣詞潤色,各人的程度、風格不同,是沒有必要加以限制的。林語堂先生的著作,只要尚在保護期限內,無論中、英文只要依現行法取得著作權,就當然受保護,他人擅自出版,或未經同意即另行翻譯是違法的,應該依法追訴,並非不受保障。

懲罰寬嚴的檢討

　　一般都認為目前對侵害著作權的懲罰太輕，不足以遏阻盜印風氣。事實上，按著作權法的規定，侵害著作權可處兩年以下的徒刑，常業犯可處三年以下徒刑。自民國四十九年台非字第二十四號判例，認為翻印他人著作物竟連同書籍底頁依出版法所載著作人、發行人和印刷者一併加以翻印圖利者，即觸犯了刑法上偽造私文書罪，可處五年以下有期徒刑。近年來由於各界的呼籲，法院也注意及著作權的侵害並非微不足道的案件，而有加重處刑的趨勢，此種刑度並不能謂之過分偏低。

　　問題之癥結，乃在於對損害的賠償，最高常業犯也不超過新台幣九千元，實在是失之過低。在現代工商社會裏，牟利可謂是一般人最大的慾求。盜印者唯利是圖，不惜以身試法。著作人所受損害不能求得相當的補償，不符成本效益，連權利也懶得維護。而損害如何證明？受利究竟多少？舉證都有困難。所以為了徹底解決盜印、侵害的問題，除大幅提高罰金的金額外，更應訂定法定的賠償額。遇有損害，舉證困難時，由法官在限額內，斟酌侵害人的故意或過失，惡意的重大與否，訂定相當的懲罰性賠償，方能平衡兩者間的損益。

國際組織的參與

　　「出版權」既不過為「著作權」諸多權利中的一項，Universal Copyright Convention（U.C.C.）即有正名為「環球著作權公約」的必要。U.C.C. 在一九七一年巴黎修正會議中即已把

保護範圍擴及到廣播、電視等電子通訊的傳播方式。U.C.C. 的成立，完全是為了美國一九七八年前的著作權法，不能完全符合伯恩公約（Berne Convention）的規定。為遷就事實，能將美國納入國際組織而設的。其規定最為寬鬆，會員國許多同時為伯恩公約的會員國，兩者並不衝突。

開發中國家多不願參加國際組織，深恐翻印受到限制，影響國內文化發展。其實這只是過慮，目前在伯恩公約及環球著作權公約中的會員國就有許多文明遠不及我國，但對新知吸收的要求更甚於我國的。國際組織早注意到如何去平衡已開發國家的利益，及兼顧開發中國家的需要。伯恩公約在一九六五年的 Stockholm 及一九七一年的 Paris 修正案中，都特別考慮開發中國家教育及科技發展的需求，而就翻譯同意權做了強制授權的規定。只須繳納少額的權利金，作者即必須許可其他會員國翻譯成該國文字。U.C.C. 在一九七一年的 Paris 的修正會議中也做了類似的規定。

盜印，是不名譽的行為，有傷國格，間接影響文化的輸入。我們應該克服事實上的困難，極力爭取加入國際著作權組織，以促進文化的交流和新知的吸收。即使不能加入，我們也當退而爭取友好國家簽訂雙邊條約。目前我們只有和美國在一九四六年簽訂的中美通商友好航海條約，互享國民平等待遇。與其他國家則無類似約定，以致我國的唱片、音樂帶在東南亞受到嚴重的侵害，這是目前我們最應該積極努力的。

六十八年七月十三日聯合報

II

撥雲見日──
迷霧中的著作權

迷霧中的著作權──文化、商業、科技、法律的煙硝戰場

在法學的世界裡,再也沒有像著作權這樣的議題,因為與時俱進,隨科技的異軍突起,而如此詭譎易變;因為權利種類及內涵的複雜多元,而如此令人撲朔迷離,摸不著頭緒。它與傳統法學的衝突;新舊領域的自我矛盾;公利與私益的拉扯;權利維護和資訊流通孰輕孰重?還有,誰是作者?誰又是權利者?該罰誰、該怎麼罰?說不完的疑慮,剪不斷,理還亂,全都籠罩在一片迷霧中。

然而,在曚曨中,隱約現出的身影竟有那麼多我們崇拜已久的偶像,馬克吐溫、狄更生、海明威、愛迪生、披頭四、貓王 。這些永恆的大文豪、發明家、音樂家還有大明星,都曾經或正糾纏在著作權的官司中,怎能不激發我們的好奇,非要撥開迷霧一探究竟呢?

一九七六年,美國徹頭徹尾的翻造了二十世紀初所制定古老、陳舊,沿襲自歐陸最早期觀念的著作權法,趕上了國際風潮。包括**大肆擴展著作權的範圍、延長保護的期間、明定合理使用的原則、簡化程序、加重懲罰**。終於擺脫掉文化上膚淺落後,還有些微海盜污名的譏諷,從此躋入國際智慧財產權的舞台。

雖然,美國同時也納入了歐陸重視著作人精神層面的人格權部分,並且廢掉了一直以「出版」作為國家授與獨佔權的門檻,但讓著作從創作完成,不去計較市場價值就給與法律保障

的宗旨。使美國終於能在一九九〇年代，才被國際最重要的伯恩著作權公約（Berne Convention）所接納，成為其中的一員。

但是，美國終究是資本主義國家，重商是她的本質。尤其資訊、生技等高新科技正在此時開始萌芽、茁壯，漸漸成為智產權領域裡的主流價值。加上好萊塢的娛樂產業始終仍維持著高產值。這兩者所帶來龐大的經濟利益，即使修改了著作權法，也並未能改變美國的基本立場。只不過便利其取得國際執照，還挾著強盛國勢，獨領風騷。美國的唯商主義牽動著全球走向，影響著作權越向經濟面傾斜，已是銳不可擋的趨勢。

一九七六年，我首度負笈美國，專攻著作權法。雖然在台灣已開了兩年著作權法的課，躬逢其會的碰到了美國著作權的盛世。那種如入寶山的欣喜，使我像塊乾海綿似的，拼命吸取汗牛充棟的資料，理解所有的文化背景。當滿載而歸時，再來涇潤當時還是一片荒漠的台灣著作權園地。

八〇年代在台灣推動著作權的觀念，直如在水泥地上撒種，需具有知其不可為而為的不怕死精神。重視著作權，除了暢銷書作者外，一般文化消費者見不到現實的好處，卻要增加立即的負擔，這是任何人都不願意接受的。

當時，學生刊物直指提倡著作權的教授是會叫的野獸，社會也有以洋幫辦的眼光來看待。披荊斬棘的改革之路總是艱苦的，現在回想起來還是不勝感慨。那時候，最大的挑戰竟然是廢除在歐洲十七世紀才存在的著作審查制度。可見我們落後的程度。幸虧堅信台灣在走過經濟高峰之後，內在，有高品質精神文明的需求；外者，淺碟子經濟面臨轉型，知識產權必然應運而生，才能支撐對抗頑劣處境的勇氣。

就在台灣正拼命突破困境，試圖建立著作權新秩序的同時，一九七三年美國將智產權的議題，帶進了關貿協定第七回的東京談判，提醒全球經濟圈，重視仿冒的嚴重性。並明確宣示智產權不只是單純的文化問題，其所涉及的商業利益更是龐大。那時，石油危機爆發，美國經濟蕭條，所有依靠石油的重工業都深受打擊。在受創之後，重新檢視，這才驀然驚覺，二十世紀以來，美國模式的文化早已生根各地，美國的音樂、電影、小說、美術、舞蹈　無不深入世界各個角落，即使再偏遠的地區也無所遁逃。

加上新高科技工業興起，產值更是無限龐大。將這些產品的權利金計算一下，美國早就是智慧財產的最大輸出國。所創造的利潤及照顧到的就業人口，不下於汽車、鋼鐵等重工業。那是一座蘊藏豐富，亟待開採的金礦，美國豈容任其閒置。從此，磨刀霍霍向全世界宣告了智產權的保衛戰！

這是另一場絕對不對等但卻文明的美伊戰爭。

一方面，美國積極主導國際社會，將她自己的遊戲規則轉換成放諸四海而皆準的國際規約。智產權成為世界貿易組織的焦點核心。所有國家，凡是不能自外於國際貿易商圈的，就只能接受統一的規則，再無干於各家的文化特質或本土的特別需求。

另一方面，美國以國內貿易法，個別擊破貿易對手。尤其針對著仿冒嚴重、對美國有著強烈的依存關係，經濟發展又極其耀眼的開發中國家。亞洲四小龍是首要目標，台灣更如甕中之鱉，是美國鎖定的對象。

II 撥雲見日──迷霧中的著作權

可憐的台灣著作權法，還未孕育成形，僅在胎動之中，就受外力無情的擠壓。美國年年祭出「三〇一條款」，威脅著要把台灣列入貿易制裁的黑名單，連坐其他產業同受株連。以致政府承受內外壓力，行政、立法、司法都受箝制。

二十年來，台灣的智產權法制只有跟著美國走，任美國予取予求。國內文化背景的差異，和文化發展上的特殊需求，是無能也無力顧及的。稱台灣的著作權法是美國的子法亦不為過。

美國的著作權法是個人至上、資本主義下的產物。雖然也以促進社會的整體發展為終極目標，但在以保障個人財產權為手段，再納入細緻繁複的法律體系裡去運作。勢單力孤的個體戶作者，不只其文本要由消費者去詮釋、去定義，其生死更是掌控在能經營市場的中間商手中。**越是具有商機的文化產品，就越需要脫離作者本體，被企業所收買並壟斷**。透過大規模的操作，盤據在市場之中，藉此創造最大的利益。當然，我們也能看到古龍、張惠妹、王菲或茱麗亞蘿勃茲、黛咪摩兒、湯姆漢克等億萬身價的個人，但這畢竟是創作者中的極少數，也只能存在於流行文化的世界裡，而他們的背後，無不有精密的企業運作。

其實，更能聚富的仍是包裝他們、讓他們產生市場價值的企業財團。甚至，還有許多權利未上市就先賣斷。其命運、價值統由企業來決定。尤其高價值的科技新品，如基因圖譜、軟體程式、醫療新藥等等，幾乎都被國際公司網羅殆盡。知名廠商依靠手上的智慧財產權所得利潤，甚至超過生產線上的產品。尤其，在資訊的年代，資訊即是權力。由於資訊和知識的壟斷，促

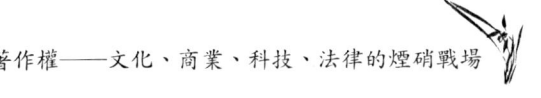

使權力越是集中,財富也就更快速的集中在金字塔的尖端上。如此惡性循環下去,不說民主的理念將要不保,貧富國家以及貧富個人的差距,將更如滾雪球般越拉越大。這是資本社會的原罪。

二十世紀以來,人類的文明,是否因有著作權的激勵而有如此燦爛輝煌的進展,至少目前仍然不能給一個說法。但弱勢國家反全球化的呼喊,和軟體自由化的運動,卻不能不叫我們這些開發中國家備加關心。

曾經有學者從經濟計量的角度去分析,因著有著作權制度而增加的國家行政支出、作者實際獲利與大眾負擔的沉重,是否合乎成本效益,藉以評估此制度的利弊良否,但並未能引起共鳴。

畢竟,著作權已歷經兩百多年的建制,有其歷史上的必然性。也是在所有權觀念十分成熟後,發展成完備的法制。更況,我們必須肯定自理性啟蒙時代以來,經工業革命乃至第三波的資訊革命。每一當口,著作權的確都曾發揮了建立文化產品市場的次序,回饋創作者的耕耘,激勵再創作動機的相當作用。無論是從法治或道德面來考量,都應該有其存在的價值。

只是,從七〇年代以後,因科技的出神入化,使得著作權愈重商業化的趨勢更形尖銳。乃至成就了大財團、大企業,輕忽了公眾使用資訊的便利以及創作者個人漸行退位,不免讓人質疑著作權從開始就高舉著「促進社會文明發展」的這面旗幟,是否還在飄揚?而她真正維護的又是誰的利益?

本書發出了不平之鳴,而且還是由美國內部所引發的深刻反省,這是其難能可貴之處。作者特別選擇了時下最受年輕朋

友所熱愛的電影、饒舌歌、取樣、混音曲風、數位等時髦文化，以超越法律專業，更寬廣的視野，點出著作權理論中最基本概念的矛盾和衝突。在這麼多大家熟悉又愛慕的偶像的著作權官司裡，舊傳統／後現代；全球／在地；思想／形式；私人權利／資訊流通；侵害／合理使用，這些個詰屈聱牙的概念，竟變得親近可愛而具有可讀性了。

　　經過通俗從眾的解讀，縱使是質疑或責難，但因此能引起大家的關注以及對問題的理解，終究對著作權未來的發展具有正面的意義。

　　法律體制的建立，和社會情感與社會期待絕對脫不了鉤。實踐正義、維護公平、扶助弱勢者當然是法律的終極理想。只是，回歸到現實層面，法律更多時候只不過是社會的一道控制體系，只為了解決人世間紛紛擾擾的爭端而存在。如果太過操弄技術性的枝微末節，忘卻立法初時的宗旨，就成了惡法。著作權正面臨如是嚴酷的考驗，她不是個單純的法律問題。本書從非法律的觀點去發掘著作者、經營者和大眾利益失衡的癥結，進而尋得三贏互利的平衡點，著作權才能恢復過去的榮光，有其繼續存在的價值，而不致被人高呼「著作權已死」！

台灣著作權問題的探討

　　回顧我國著作權發展的歷史，由於中國知識分子的「重義輕利」，和知識未能普及，知識分子自然的擔負起教育社會的道義責任，刊印的書籍唯恐其流傳不廣，現代的「著作權」觀念是無從建立的。

　　滿清末年，門戶大開，但也只懾於西洋的船堅礮利，不屑於模仿洋鬼子的野蠻文物。及至屢次兵敗，加以日本明治維新成功的衝激，才漸行勉強導入西洋科技文明，此時，著作權的問題始告萌芽，但並不嚴重。

　　滿清政府曾和美國締造雙邊條約，凡對中國人民富教育性及具實用性的書籍和翻譯本，給予國民待遇的保護。無奈，當時國內並無著作權法的制定，所以也是空話。民國建立後，最早曾在民國四年，參政院代行立法院於第二期常會議定著作權法的幾項原則，奠定了現行著作權法的結構。後終於民國十七年制定，中間又經三十三、三十八及五十三年三度修改，而有今日之面貌。

　　我國的著作權法採審查制度，這是世界各國自有著作權法以來所少有的。而規定的簡陋粗疏，更為大家所非難。只不過國勢一直動盪不安，也無力顧及文化的發展，直到民國四十五年前後至五十年間，某些出版商大量翻印美國暢銷書籍，又傾銷並擾亂美國市場，在國際上起了軒然大波，也為我們換得「海盜王國」的惡名，這才引起政府當局的注意。

此後，盜印之風猖獗，有限的法條和封閉的觀念，始終未能抑止此種歪風。近兩年來，更因西方科技文明的流入，錄影帶、電腦等問題應運而生，使得著作權法更是捉襟見肘。此從著作權人協會錄製委員會在去年一年協助警察單位取締地下工廠七家，攤販四十七家，扣押非法錄音帶 51,788 捲，英語 900 句 882 捲及教材 3,577 本等資料上，可見其一斑。而書籍的盜印、抄襲事件層出不窮，電視鄰接權的侵害，電腦、影印等問題也正方興未艾，實在嚴重得無以復加了。

著作權法不僅關係一國的文化命脈，是所有文化建設的最基本法律。即使就經濟層面而言，文化事業所創造的生產總值，根據六十五年的統計資料就達 154 億，佔全國工商業的 1.5%，就業人口也將近七萬人。在政府將文化建設列為十二項建設之際，距一個已開發國家對文化的消費量尚有很大的距離，其發展的潛力實是未可限量。

再換個角度來看，中國在用盡其經濟、政治的統戰伎倆後，短兵相接的必是文化之戰。中華民國自居文化的正統，既要保存先人固有文明，更要承先啟後，發揚光大，創新文化，實可謂任重道遠，著作權法的修訂，又豈能不採審慎的態度？

政府在六十三年即開始著手著作權法的修訂，其間雖曾數度停頓，但對此問題的關心從未稍減。我們基於切身的利害及春秋責備賢者的心情懇切呼籲有關主管，無論從文化面或經濟面著眼，都應更加正視其問題的嚴肅性。廣徵博議，尊重業者及當事人的意見，從速全面修訂著作權法，重新建立法律體系，勿再做部分條文的補釘，而致窒礙難行，徒具空文。配合國際

上立法的一致趨勢，尋求公利與私益的平衡，這樣不但使人民有所遵循，亦為我國的文化建設奠定法律基礎。

法治社會的建立，有賴全民的維護與尊重，除了有規定良好，趕得上時代的法規外，我們更須要求：

1. **創作人對自己權利的尊重和保護**，知識分子應有在現代社會裏，談利並不可恥的認識。在權利上睡眠，也並不清高，反而姑息養奸，忽略了自己對社會的責任。因此在現行法仍規定須審查註冊之際，絕不可存有自己作品不可能被抄襲、或被盜印的自卑心理，而疏忽了該有的手續，予不法之徒可乘之機。創作人間彼此更應密切合作，透過組織力量謀求更妥切的保護。

2. **全民法治觀念的建立**，始能尊重他人的權利。「君子愛財，取之有道」的道德觀念，及「利」的意義都有待重整，縱使不能謀取天下利，亦當重於「遠益」而非眼前「近利」。對他人的侵害，雖一時圖利自己，但以現在人際的息息相關，不同樣也會傷及自己？

3. 我們企求於政府的，除**從速立法**外，也盼望**政府能早日確定其文化政策的方向**。無論是文藝創作、廣播電視、電影唱片等都能朝一個既定的目標邁進。且有更寬的尺度，和更美好的環境使創作者能充分發揮其潛力，則我們文化事業的領導地位乃是指日可待之事。

六十九年十二月二十四日中央日報

II 撥雲見日──迷霧中的著作權

▌著作權的迷惑

著作權的觀念在這幾年來，總算喚醒了大家的一些注意。雖然目前還見不到任何具體的成就，但既有開始，便是可喜的現象。不過，從不斷的著作權爭端中，顯現出無論政府和民間對著作權的認識都有些偏差。如果任憑如此錯誤的發展下去，恐怕終將扭曲著作權法鼓勵創新、提升文化的宗旨，才是令人引為隱憂的事。

或許是受傳統裏，法就是刑的影響，一般人對法的直接反應便是管制和處罰，著作權法的發展亦如是。立法時，各界只知一味要求提高刑度；執法者，縱使雙方已私下和解，仍逕自提起公訴；民間，更有少數業者動輒以興訟為要挾，企圖壟斷市場。這種種行為，較之過去對著作權的漠視，真正是過猶不及，兩無可取。

著作權法的主要目的，絕非止於消極的保護權利，以訴訟的方法禁止他人利用而已。事實上，乃是要**藉著對創作人經濟利益的維護，誘發創作的動機，使能有更豐碩的作品，提供給世人應用**。法必需將創作人和社會大眾的利益拿捏得恰到好處，才能將其功能發揮極致。每當兩難兼顧時，則毋寧更偏重於公眾利用的方便。這從國外立法並不禁止家庭錄製行為，只要求使用人酌付權利金，以彌補權利人的金錢損失；出租權因有礙資訊的流通，並未得到大多數國家的認同等，都可現出端倪。

為了達到著作權法提升文化的最終目標,制裁只是最後的手段,還得從教育和制度上著手。教育方面,必須培養所有人民尊重權利和合理行使權利的態度。惟這並非一蹴可及的工作,有待耐心的潛移默化,而終須與全民的法治精神齊頭並進。

至於制度方面,目前雖是百廢待舉的局面,但建立正確觀念,導著作權法的發展於正途,絕對是有關當局的首要急務。我們建議:**第一,修改法律**,重新釐訂「合理使用」的範圍,使得公利私益能有較均衡的尺度;**第二、從速設立資訊中心**,健全登記辦法,使權利的歸屬一目了然,以方便利用人取得授權;**第三、強化強制授權制度**,使樂曲、電腦軟體及外國作品等使用量大,又影響大眾研究發展的產物,可經由強制授權取得權利來促進開發。權利人既可獲取合理回報,利用人也不致有動輒得咎之遺憾。

值得一再強調的是:著作權終究是私權利,應該用私法的原則來處理其間權利義務關係。只因其影響及國家文化發展,才聽由公權力介入。然而公權力干涉自應有其分寸。更況,國家刑罰權的濫用,絕非全民之福,掌握國家刑名公器的人,能不謹慎?

七十五年四月九日民生報

III

爾虞我詐——
台美談判桌邊的著作權

謹慎應對台美貿易談判

美日經濟高峰會談破裂後,眼見世界上最有勢力的兩個經濟大國之間的衝突已是劍拔弩張,蓄勢待發。美國準備祭出超級三〇一條款,給對方最嚴厲的制裁;而日本,則在細川首相的強硬態度下,誓言絕不屈服,並指控美國企圖撤回早先提出的《關稅暨貿易總協定》(General Agreement on Tariffs and Trade, GATT)降低關稅提案。因此,更引發 GATT 各主要會員國之強烈關切。美日戰火已有延長擴大之趨勢。

適巧,台灣也將在下周與美國展開下一階段的貿易談判。鑒於美日間的戰火激烈,台灣恐難免遭池魚之殃。尤其這次談判順利與否,將是台灣能否加入 GATT 的前哨戰。政府財經官員的緊張,自不在話下。

美國超級三〇一的威力,只要在市場上對美國有相當依賴的國家,無不畏懼萬分,而且根據經驗,亦無有不臣服者。台灣從七〇年代起即陷入此威脅中,於今,對美貿易出超已逐年減少,前年降至七十八億美元,去年更僅餘七十億美元。因此台美間的經濟衝突,關鍵已不在貿易出超,而是在智慧財產權問題上。

GATT 自一九八六年烏拉圭談判始,即將智慧權列為主要項目。烏拉圭回合也已於去年底達成協議,並即將把 GATT 升格為「世界貿易組織」(World Trade Organization, WTO),預定於一九九五年元月成立。是以,下周的台美談判即是結合

III 爾虞我詐——台美談判桌邊的著作權

GATT 的入會、智產權及野生動物保育等問題舉行的雙邊談判。此項談判影響台灣能否被納入世界經貿體系，否則便要淪為國際上的經濟孤兒。因此，我們所承受的壓力，更要遠超過日本。

平心而論，台灣早期的經濟發展確實未曾、也無力去理會所謂智產權的問題。雖然以層次較低的加工經濟，贏取得快速的財富，卻斲喪了創新能力及市場倫理。後來，在美國壓力下，不得不積極面對智產權的課題，雖感十分委屈，但亦確實有了不少的改善。

這幾年內，專利法、商標法都數度修正，著作權法更是大幅翻新。公平交易法、有線電視法也先後完成立法，資訊保護法則已送交立法院。這種種立法定制以及推廣教育的工作，實可謂已不遺餘力。而**台灣近年來無論在經濟上、文化上有較多的創新，產品品質也有相當的提升**，應是努力於保護智產權所顯現的成果。所以，國際上的壓力，對台灣的發展也未必全無正面效應。

只不過，在台美談判過程中，美方咄咄逼人，不只要求行政當局全面配合，尚且要求司法部門在取締、起訴、量刑上要符合其要求。更不可思議的是直接干預立法內容及立法期限，屢次引起立法院內喪權辱國的爭議。

是以，談判時的條件及方法影響日後政策走向甚大，若不謹慎應對，我們將永遠都是輸家。尤其美國自始即採取步步蠶食的手法，以著作權為例，自早期的翻譯權、法人訴訟能力、簡化程序、提高刑罰，乃至電腦軟體保護、MTV 的公開放映問題而至全面修法、逐條檢討、平行輸入，最近又及於第四台的

轉播,幾乎無所不包,而且每次都有新的議題,常令我方措手不及,最後棄兵曳甲,全面稱臣。如果我們針對貿易談判沒有較長期、較宏觀的整體戰略,抱持著小輸就是贏,不破裂即成功的心態,當然只有讓美國人予取予求。

　　加入 GATT,進而取得 WTO 會員資格,固是台灣應傾全力實現的目標,但關稅談判涉及 8,048 項農、工產品的關稅稅率以及智產權、傳播事業的發展等有關文化、社會的事業,對台灣的經濟和社會衝擊十分之大,談判單位更應以全盤考量來審慎應對!

III 爾虞我詐——台美談判桌邊的著作權

■認真面對三〇一危機

十多年來，台灣的經濟發展，文化開創，始終籠罩在美國貿易法三〇一條款威脅的陰影下。而今，美國電腦、出版業者所組成的「國際智慧財產權保護聯盟」（International Intellectual Property Alliance, IIPA），向美國政府建議將我國列入最優先的制裁名單，也就是三〇一的黑名單。

我國原本就列在三〇一條款的被監視名單中。新交替的柯林頓政府，急於建功，以獲得民間認同，看來，這次的恐嚇，應不只是說說而已。這才引起了經濟當局的極大震撼，急謀對策，希望平安渡過危機。

同時，這十多年來，民間不斷利用各種機會，一再呼籲政府正視智產權對國家經濟、文化發展的重要性。也一再強調應該**妥善修訂著作權法、改制主管機關、統一事權**，**通盤整體規劃智產權與對美貿易及產業的關係**，揚棄各單位的本位心態，並且要**積極培訓談判人才**，掌握機先，才能擺脫處處挨打的困境。

無奈，言者諄諄，聽者藐藐。每次風聲緊急，一陣恐慌，抱著少輸就是贏的阿Q心態上陣。拖過一次談判，就能向國內邀功。而著作權法的修訂，則為利益團體瓜分得面目全非。主管機關既未能因應急遽的變化，去擴充人事經費，只能藉助早已與利益團體掛鉤的律師顧問，懾服於私人利益之下，輕易以行政命令蹂躪政府威信。以致治絲益棼，每下愈況。主管最後掛冠，以求解脫。即使勉力為之，亦難解著作權結構上的厄運。

更有行政機關昧於民意的抬頭，以過去一貫的，以行政解決問題的人治做法，輕易應允了許多不是自身可把握的承諾。以致在立法院踢到鐵板，保留下了中美著作權協定中的八項條款，這就成為美方指責我國缺乏誠信的最大藉口。

其實，在這些項目中，最關鍵的就是電腦出口檢驗，及真品平行輸入。對於智產權的保護，我們一向主張，**應著眼於文化層面的自主創新，以激發社會的生命力**。至於經濟利益，應**以整體發展及中美間貿易平衡為考量**。電腦出口檢驗及登錄制度，其實無關乎國內新產品的開發，只是以海關檢驗禁止仿冒品出口，應不為過。

真品平行輸入，若能區分文化產品，抑或商業產品，分作不同處理，當也無礙國內對新知的吸收。站在純粹貿易的立場，實在也必非全無考量的餘地。

然而，在著作權法修改之初，著委會輕易刪除了草案中的發行權，使法律上缺乏了依據。問題發生了，又因影碟商人的抗爭，而以行政命令擅加解釋，造成朝令夕改的後遺症。這種從不做深入且全面性的檢討，只知頭痛醫頭，總在他人鞭打下，匍匐前進，當然是行政機關永遠的痛。

回顧十多年來的台美談判，在美方全面主導下，我們永遠都要等兵臨城下時，才倉惶應戰，而致步步失守。從翻譯權、MTV、立法限制乃至今日的平行輸入，從未超脫過相同模式。面對美方提出多少金錢損失的數據，我們從來都沒有辦法發出「拿出證據」來的怒吼。究其原因，固然是我們對美貿易依存度太大，三○一的報復，將引發其他產業的損傷，以致投鼠忌

器。實則,國內智產權並未受到有關當局的真正重視,徒以嚴刑峻罰應付,導致彈性疲乏,未能遏止仿冒的猖獗。未上談判桌,就已心虛氣弱,失了先機。

　　於今面臨從未有過的沉重危機,我們仍呼籲當局切勿只以經濟考量,俯首聽命。亦當善自掌握手中有利籌碼,諸如國際公約的標準、立法行政的分際、貿易關係的互動,將文化利益與經濟利益分別處理。**是經濟的,計入逆差中公平交易。是文化的,也當為長遠的發展留下一線生機。**不卑不亢,不慌不亂,應是談判上的起碼能力。

　　但願這次危機過後,新政府能痛定思痛,全面檢視智產權的問題癥結。從法制到觀念、從機關到人事,都能有徹底的反省。否則,正如我們過去所言,不只三〇一是我們永遠的夢魘。經濟、文化的生命力,也將在無止境的磨蹭下,消逝殆盡。

面對台美智慧財產權談判我們應有的態度

持續了好幾年的台美智慧財產權談判,上個月又重新開鑼登場了。或許是從滿清以來和外國的談判,不是賠款、就是割地,使中國人受盡了凌辱。以致迄今,國人還是聞談判而色變,產生了逃避、厭惡乃至排斥的心理。尤其台美著作權談判的確會帶來許多現實的、立即的不利影響,也就難怪幾年來,朝野都只有以「拖」字視為應付法寶。

然而,十月的談判,不只是美方已因不耐,而屢次指責我政府欠缺誠意。更重要的是美國國會在六月通過了新的貿易保護法案,授予行政機關更大的權力,隨時可以不受國會拘束,祭出國際貿易法第三〇一條的法寶,給她認為有使用不公平手段的貿易伙伴,予以嚴厲的制裁。

經濟發展是目前立國的命脈,美國又是我們最大的貿易對象,任何貿易上的封鎖,都將為我們帶來傷害。三〇一條彷彿是個緊箍咒,令我們戒慎恐懼萬分。

智慧財產權的談判終究無可逃避,而必須解決。倒不是全然屈服於美方的壓力,而無言的投降。事實上,面對這項談判,我們也該做相當程度心理上的調整和適應。

「尊重智慧財產權」在國際間,早是一種道德上理所當然的共識,法律上也建立起共同的原則。我國長期以來自外於國際體系,早期雖有經濟上不得已的苦衷,但因只顧經濟上的檯

面利益，忽視研究發展的重要性，以致社會的原動力受到重大的戕傷，基礎工業難以扎根。民間也只圖瞬間的暴利，無心於按部就班的奮鬥和開創。

美國以三〇一條為法寶，施展壓力，要我們重視智慧財產權，固然令人嫌惡反感。然則，若能藉此檢討國內政策取向，重新建立智慧財產權制度，激發民間創作生機，致力於研究發展，加速科技文化的升級。同時，培養國人守法守紀，尊重他人權利的民主態度，又焉知不是塞翁失馬，是福不是禍呢？

再說，今日所以會招致重大壓力，實乃因我國與美貿易順差過大而起。在我國全力發展經濟之際，對內採取保護政策，以高關稅保障國內企業。對外則享受開發中國家的優惠關稅待遇。如今我國國民年所得已高達五千多美元，時時自豪於經濟的繁榮。在遇到智產權時，卻又自貶為貧窮國家，冀望獲得他人同情，給予特別優惠待遇，在尊嚴上是更掛不住了。

不尊重智慧財產，不是文明國家所應有的態度。以尊重知識，為知識付費來平衡台美貿易的逆差，總比在煙酒、農產品的開放上讓步，以致打擊農民生機，要好得多吧。值得考慮的是，雖然我國已經離開未開發國家之列，但以科技而言，要獨立發展還有遙遠距離，對先進國家的依賴性仍大。在商業性作品上，美方要求權利金，我們或可藉之以價制量，與之作合理競爭。而學術、教育的發展，則仍需依靠大量而價廉的西方作品，因此在談判時，重製權的強制授權，應是據理力爭的重點。

總之，以我國今日的成就，所爭取的乃係平等的地位，不想佔便宜，也用不著自卑。從整體的、長期的利益著眼，事前充分準備，有所讓，也有所不讓，才是我們面對談判的態度。

七十七年十一月

痛心疾首話台美經貿談判

　　每隔不了多久,就要面對一次的台美經貿談判,又在台北如火如荼的進行了。

　　猶記得三月時,主談著作權的政府官員自華府鎩羽而歸,不惜以辭職表現維護主權尊嚴的風骨,贏得朝野一片讚賞和慰留之聲。然而,旋不幾時,當時的信誓旦旦已如耳邊清風,輕輕拂過,不留痕跡。不惟棄守原來的堅持,尚且喪失更多的城池。稍有國格的人,怎麼能不為今日台灣的處境悲哀?

　　不僅著作權的談判令人痛心。自從八〇年代初期,美國經濟蕭條,開始憑藉強勢的外交關係,企圖平衡台美間的貿易逆差以來,我國就陷入了恐懼的夢魘之中。從稻米、火雞、牛肉到農機品、保險、金融、洋煙、烈酒、智慧財無一不是談判的目標。先是以三〇一條款,現在又以《關稅貿易總協定》(General Agreement on Tariffs and Trade, GATT) 的入會為要脅手段,迫使我國的農業、工業、文化、國民健康等等政策,都屈服在經貿掛帥的旗幟下,受到美國極大的干預。

　　台灣因為幅員狹小,無地可割,諸般內政只有定期在談判桌上,接受美國指導。其間的屈辱和傷害,較之滿清末年喪權辱國的不平等條約亦不遑多讓。

　　奇怪且令人感慨的是,從滿清末年以降,我國已累積了兩百多年與列強談判的經驗,卻未能從中學得經驗和技巧。在談判桌上,總是色不厲而內荏,未開口先自卑,向來讓人予取予求,幾無招架之力。

　　所以如此,考其原因,不外:

貪功虛矯

在弱國無外交，形勢比人強的恐懼下，向來我國無論外交、軍事或經濟上對美國倚賴過深。因此處處受美方挾制，深恐態度有些微強硬，即會招致美方不滿，導致談判破裂，將承擔失敗之後果。個人可能因此丟官獲譴，台美外交關係也可能產生裂痕，責任難以承擔。更由於官場上報喜不報憂的劣習，即使屢次談判節節敗退，傳回來的仍是談判成功、美方滿意的捷報。甚至主談者還能捏造戰果，欺矇上級和社會。主談者當然官運亨通，步步高陞。所犧牲之國家利益，猶如慢性痼疾，雖腐蝕國本卻無人可以追查和知曉。況且官官相護，真正追查起來，都要負連帶政治責任，老百姓既無從得知，又何必去自尋麻煩。國家利益、社會責任已不是彼等所能顧及得到的。

本位近利

台灣這四十年來既然都以經貿掛帥，追求經濟利益便是朝野最大的目標。美方以取消優惠關稅、進口配額等扼住台灣經濟命脈為攻略的殺手，怎能令經貿單位不俯首稱臣？只要能維持住眼前的出口實績，則文化遠景、農業發展、國民健康，於我又何有哉！就這樣在經貿單位強勢主導下，其他的國家利益便都成了經濟利益的祭品。

無知顢頇

　　美方所以能屢次攻城掠地，乃因其戰術靈活，準備周詳，知己知彼，故能攻堅取利。反觀我方代表，因我國政壇搬位風盛、官員升遷與其專業無關，常在其業務剛剛上手熟稔之際，便又高升他去。遺下業務臨時託交新人處理，渠又未必具有專業知識，當然難以掌握。尤其未能就問題有通盤之識見和衡量，頂多只能就其本位發言。最不堪的是，我國始終未能培植出專業的談判人才，因此總須依賴民間律師居間顧問，而此類人士平日即為外國利益之代理人，其間弊端，瓜田李下，不言可喻。

　　其實，美方的策略伎倆，多年來已有脈絡可循。美方於每次談判都會提出多項要求，我方一開始即受到其氣勢的壓抑，於是從中挑選部份，予以應允，保留一二項堅持不下，以談判並未全盤盡墨，小輸就是贏，來驕示國人。

　　殊不知在下次的談判，美方又故技重施，以上次談判未達陣的項目為主議題，再增添三、四個新項目。同樣的心理戰術，屢試不爽，可以把台灣官員治得服服貼貼。依此循環，近十年來的談判，纏綿不絕，驀然回首，已失去大片江山，猶渾然不覺。著作權、MTV、煙酒都難逃此等模式。台灣始終擺脫不了談判受制於人的夢魘。

　　或許中美貿易逆差太大，是我們不得不忍氣吞聲的理由。然而，對日貿易上我們雖為高額的入超國，也同樣受著日本的閒氣。對外的談判，不過是利益的交換和衝突，唯有堅實的內政才是談判桌上的籌碼，也才能免於淪為準殖民地的羞辱。

　　　　　　　　　　　　　　民國七十九年六月二十四日

台美智慧財產權談判評議

　　民國七十三年就開始的台美著作權談判，終於到了可以簽定協議的階段。由於長久以來台美間的談判，對我方壓力總是甚重，每開一次，美方所提出的要求就增加許多，些許不答應，下次更變本加厲。能夠就此告一段落，不免大大的鬆了一口氣。

　　談判處於這樣的劣勢，至今都未完全擺脫三〇一條款的夢魘，還待年底再來驗收成果，的確令人氣忿難平。不過既然無可奈何，咒罵怨恨亦無濟於事，倒不如化劣勢為轉機，平心靜氣來面對未來的挑戰，焉知是福不是禍。

　　平心而論，撇開美方的咄咄逼人不談，尊重智產權本就是國際間早已建立的商業準則。在高唱經濟自由化、國際化的今日，我國又何能自外於最起碼的規範。何況，我們已不復是當年，需要靠仿冒剽竊起家的窮措大，實在是不應待他人逼迫，就該從速建立起尊重智產權的產業及文化秩序來。

　　過去，台灣的經濟，因廉價的勞工，和便利的投資環境，確是攫取了某些利益。可是今天這兩項有利於賺錢的因素都不復存在。勞工權利意識抬頭，企業必須付出更多的代價來照顧他們。環境的保護，更是為自己及子孫留下生存的空間。這種無可規避的人道及公平責任，勢必因成本之提高，而使我國產品漸失在美國市場的競爭力。更況，即使另有其他市場，為了國家長遠的發展，而今也是**全力促成產業升級、邁向高新科技文明**的時刻了。**鼓勵創造、重視研發**，正是此刻最重要的課題。

另外，從文化層次來看，保障智慧財產權也是必走的道路。台灣四十年來的發展，重經濟、輕文化，以致社會上功利思想瀰漫，物慾橫流，投機風氣熾盛，亟待改變文化體質來矯正時弊。

智產權保障創作人的權利，鼓勵創作，建立公平的文化市場秩序，提升生活素質。雖然不能立竿見影，但若經長期的濡染薰陶，必能恢復文化大國的盛譽。

綜觀台美間著作權協議的內容，其實並無特殊之處。但無論如何，都應從最有利於我國產經文化的整體發展來著眼。立法上，現行法律本就落伍陳舊，有修改之必要。惟修改時，有關半導體、電腦軟體、翻譯權及重製權的強制授權等必須慎重考慮國內的需求，做前瞻性的規劃。在司法上，美國及我國業者都不斷要求嚴格執行，及提高刑事制裁的功能。

其實，著作權究屬私權利，公權力的介入，畢竟有其限度。目前侵害著作權的刑度衡諸於其罪質，已不可謂不高。常業犯已可處五年以下有期徒刑。問題乃在司法官不以之為重罪，因此，在刑度上容存有許多自由心證和審酌的空間。甚且，至今仍有司法官不瞭解著作權法已於民國七十四年改採創作主義，仍以內政部頒發的著作權證書為權利存否的判決標準。在在顯示司法故步自封，與社會脫節。要貫徹執行力，勢必要先加強司法與執法人員的訓練，否則難以為功。民間尊重智產權的觀念更有待培養。養成人民為「知識」、「娛樂」付費的態度，不也祛除了一般投機、佔便宜的心理。

總之，台美間的貿易談判，未必全盤皆墨。端看我們如何化危機為轉機。如政府能藉此次教訓，做決策時都能高瞻遠矚，做全盤的考量，不待他人壓力，而自行調整，那更是莫大的收穫了。

III 爾虞我詐——台美談判桌邊的著作權

▎著作權法的坎坷歧途

　　《中美著作權保護協定》日前在立法院審議。立委們堅持不能屈服於美國三〇一條款的壓力下，讓立法權受到干預。同時，鑒於六月初通過的著作權法，窒礙難行，遭致民怨，而主張應審慎研議，致提前散會，擇期再議。

　　由於台美間有於明年元月三十一日前通過該協議，使之生效的約定。而立法院為因應年底選舉，又已決議將提前於本月底前休會。在為期不多的院會中，能否順利通過該案，頗難樂觀。台美間的關係，恐又將平添變數。

　　著作權法的確關涉著國家文化、經濟的整體發展甚巨。尤其在國家開發面臨轉型、升級的當口，藉著創造力的激發，市場秩序的重整，以使社會展現生機，都有賴著作權法來規範協助。因此，修改老舊過時，毫無作用的著作權法，本是台灣今日的急務，不待外來壓力而後動。

　　著作權法既是促成國家現代化的關鍵法規，其內容的自由化、國際化是必然的趨勢。何況，台灣加入關貿總協在即。智產權的保護，又自烏拉圭談判後，即列為《關稅貿易總協定》（General Agreement on Tariffs and Trade, GATT）的重心，國際間對於智產權保護的範疇，也都已達成共識。台灣不能自外於國際市場，著作權法的內涵應有一定水準，也是無關乎壓力與否的問題。

但是，著作權法畢竟是部國內法。其立法目的乃在提升國內的文化、經濟水準。當以國內環境、背景、利益及可行性為最大考量。然而，六月通過的這部著作權法，在立法過程中卻飽受美國關切，直接、間接、明來暗往的各項壓力不斷。不僅法案內容，諸如，鄰接權的取消、刑責的加重、公訴條款的列入等等，都受美方箝制，尚且強行要求通過的期限。至於司法、行政的干預，也都不在話下。難怪終於引起了立委的情緒反彈。這種種屈辱，為了台灣的經濟命脈，也只能黯然承受。但是扭曲了的著作權法，未能因應國家開發的需要，不能達成激勵創造的目的，卻只是逼走了一些下游的生意人，進而遭致民怨，所滋生的後患，卻是無窮的。

這部著作權法的訂定，不但屈服於美方的壓力，亦同樣遭受國內利益團體的分贓割裂。電影、影碟、電腦、出版等業者，各為己利，透過立委、律師、內政部的專家顧問的強大影響力，使得著作權法皮毛雖在，骨肉已不存。通過伊始，七月就立即修訂第五十三條；十月，又就第八十七條第三項，做行政解釋，暫時平息電影與影碟業者間的利益衝突。而，第十一、十二條有關法人不得為創作人的奇怪規定，更是導致天下大亂，府會間齟齬。此次立委的杯葛，當時就已種下了心結。

其實，《中美著作權保護協定》的實質且最重要的內容，早經納入著作權法內，普遍適用。對此協定的質疑，不無面子和意氣之爭，真正應當關注的仍當是著作權法才是。

我們肯定著作權法對國家發展的重要性，也認識著作權法必須國際化的趨勢。但法之可行，貴在與當代社會緊密契合。

政府長期來並未著力於智慧財產權觀念的落實,又背負著不尊重他人權利的文化傳統。在經濟政策上,四十多年來,因只求眼前近利,而造就了所謂淺碟子的泡沫經濟。企業未能深植研究發展的精神。卻突然在一夕之間,著作權成了暴漲的巨人。又經官方及利益團體的誇大渲染,造成人心的惶恐,反而抑阻了一般人對文化產品的正當使用,或嚇阻了小型企業的經營而已。並未能真正鼓勵產業升級,也無助於經濟的提升。甚而因某些條文脫離現實、完全不可行,人民在初期受到驚嚇,但在觀望一陣後,發現並不如政府宣傳中的嚴重,便又輕忽了警惕之心。那就連推廣尊重智產權觀念的初衷,也因法威信之喪失而不可得了。

立法院對議案的審慎態度,應予肯定。但我們呼籲這樣的精神,應普遍對待所有的法案。尤其重新檢討著作權法,若僅出於意氣,擺擺姿態,便不足為取了。

八十一年一月二十二日自立早報

從著作權談判看政府的談判策略

就在不久前,總統府資政,前行政院長孫運璿先生,在接受媒體訪問時說到,當年發展經濟,忽略了文化層面的照顧,以致造成今日的價值顛毀,亂象迭起。他深感愧對國人,僅幫助國人富足了物質,卻貧瘠了精神。這段語重心長、暮鼓晨鐘的反省,雖然已言之過遲,但真正令人對孫資政感佩不已。遺憾的是,這麼沈痛的心聲,仍不能敲醒當今的執政者,還是蒙著頭,只知道依循這一條,經濟的道路。

過度的經濟開發,固然富裕了台灣社會,但在發展過程中,幾乎犧牲了其他的價值,來成就這唯一的目標。政府幾乎以放任或默認的方式來縱容仿冒和剽竊的行為,以致迄今智產權成了中美談判的重擔。而智產權的落後更成了產業升級的最大障礙。

著作權談判自民國七十三年始,就是一把辛酸淚,滿紙荒唐言,全然缺乏國家整體利益的考量。在早期,著作權談判的焦點,僅膠著於翻譯權的開放。保留翻譯權是第三世界的一貫主張,以台灣今日的經濟條件,的確難以貧窮為藉口,而其實是方便商人的牟利。故從翻譯權開始來建立著作權的觀念正是借力使力,最恰當的時機。只有要通盤妥善的規劃,充分顧及取得資訊的便利,足以保護國家推動現代化的條件下,不妨呼應美方要求,以智產權作為挽回其他經濟利益,甚或平衡貿易逆差的籌碼。

III 爾虞我詐——台美談判桌邊的著作權

可惜政府未能有此遠見，任憑出版界極少數學者的阻攔，僅能施出拖延戰術。在延宕的期間內，未見任何興革，只能阿Q式的自我安慰，沒談成就是勝利罷了。

迄今，不但翻譯權已讓步，配套的強制授權卻未見任何具體規劃，MTV又端上了談判桌。新興問題勢將層出不窮，政府將疲於應對。行政措施談不完，轉而干預立法內容和程序。最後連司法審判的獨立，都受外人牽制。從過去的指定翻譯人員，到如今對主談人員有意見。這種種得寸進尺的作風，已使談判中彼此有得有失的相互妥協，成為一面倒的投降。

智產權的談判，原本可為交換經濟利益的籌碼，終因政府各單位的本位和自利，縱有台美小組的成立，意味能有整體的戰略，卻坐失先機。現在智產權的利益已盡失，且將危急文化創新的生機。也只有反過來依賴經濟利益予以挽救，或可亡羊補牢於萬一。

然而，負責官員的愚昧與本位陋習，難以一時矯正。在智產權可為籌碼時，尚且不知利用，一旦，智產權成為包袱時，棄之惟恐不及。是以，非但不能靈活運用，更擬將著作權部份，逐出中美小組。明顯地欲以放棄該項磋商，來保全其他利益，而陷即將面臨的著作權談判於最大困境。

台灣的經濟蕭條，自去年即已顯露跡象。政府為粉飾出繁華的假象，極力為經濟復甦護盤，是我們可以理解的。但即使在台美談判中，維護了少數商人的利益，卻連國家尊嚴、立法主權、文化生命一併喪失，其中的利弊得失不問自明。政府官員是否該以孫資政的經驗為戒，把國家長期的發展放在心上。

而非僅著眼於眼前的現實考慮,或僅為保住個人權位,而犧牲文化利益,落得將來有孫資政的悔恨,如何能不戒慎。

III 爾虞我詐——台美談判桌邊的著作權

從 MTV 談判探索決策的黑箱

MTV 的談判算是暫告落幕。

即使依美方的計算，也不過是五千萬美元的錄影帶播映權利金問題，竟成了半年來台美貿易談判的重頭戲，確實是令各方都深感意外。而經過漫長的磋商談判，以迄最終應允美方強橫的要求，其中最大的輸家乃是我們的新聞局。不但賠了夫人又折兵，還落得兩面不討好的窘境。

一方面，國內 MTV 業者因利益受損而群起抗爭。他方面，美方食髓知味，年底期限一過，恐怕還會繼續要脅我國以行政公權力，去維護它的智慧財產權。這次雖然暫時逃脫超級三〇一的報復，然而只要中美貿易順差仍在，三〇一的陰影將永遠籠罩著我們。

新聞局何以至此？其最致命的錯誤乃出在一月時談判的決策。

智慧財產權的談判始自民國七十三年。經過多年的磋商延宕，到今年一月已是最後的攤牌時刻。翻譯權、強制授權，溯及既往等等爭議，無論結果是否差強人意，總算告一段落。唯獨應否修改著作權法，將 MTV 做「公開播映」的明確規定，在我方的堅持下而保留，成了尾大不掉的毒瘤。

美方所以要求必須就「公開播映」做明確定義，緣自於我們的士林地方分院和高等法院曾有過判決。以 MTV 係指在一封閉的房間中播放，只限熟識的少數人共同觀賞。因此，在 MTV 中播映錄影帶的行為，非屬公開播映。

因此項判決，美國八大電影公司認為蒙受了五千萬美元的損失。乃給貿易總署極大壓力，逼迫美政府非優先解決此問題不可。

司法既然不得干涉，美方只有從立法上著手，希冀以立法規範來變更爾後的司法判斷。然而，新聞局的專家們在沒弄清楚狀況前，認定美方企圖惡意以行政談判來變更司法判決，而有了「憲法危機」的說詞。

既然就「公開播映」做立法上的定義，會造成憲法危機，自然對美方要求，不能做任何考慮，必須態度強硬的予以回絕，甚至寧可不惜以行政措施來滿足美方保護智產權的需求，而導致三月、五月談判重心的轉移。

平心而論，美方要求做「公開播映」的定義並不為過，筆者甚至認為此項爭點可做為一月談判時，爭取其他有利條件的籌碼，以立法變更司法過去的判決是天經地義的事。而且立法必須由立法機關通過，能否照行政院草案一字不易，並非中美談判所得主導。更況法律的解釋權，仍操之於司法手中，實在談不上是行政干預司法。

再從法理上來看，新聞局在民國七十七年制定MTV的管理辦法，以MTV是公共場所，以公共場所的設備標準來要求之。依廣電法施行細則，經營錄影節目帶供應事業係屬「播映」業，則在MTV播映錄影帶的行為，強調其不屬「公開播映」，未免牽強，難以自圓其說。

最後就MTV業者的利益來看，尊重智產權已是無可遁逃的商業倫理。想要白吃午餐不付任何費用，而繼續以播映錄影

III 爾虞我詐──台美談判桌邊的著作權

帶營利,是無論如何都難以啟口的。既然如此,以出租權來付費,或以公開播映權來付費,對 MTV 業者是無分軒輊的。癥結在於過去取得出租權的,如何轉變成公開播映權,過去未曾付過權利金的,今後如何設法讓美國八大公司授權,即使用強制授權的手段,亦不為過,才是談判的重點。而在等立法通過的這段時間內,努力從事於爭取授權的工作,應該是猶有餘裕的。

　　新聞局不為此圖,在發現以行政力量,替代立法方法來保護美國八大的智產權,不啻投石頭砸自己的腳後,三月的談判,便思以應允一月時堅不讓步的立法為退路。不料,此時雖然不再畏懼憲法危機但已為時過晚。美方在高人的指點下,早已洞悉立法雖是必要的體制,但以我國司法對智產權的認識不清,執行不力,是遠不如強大的警察力有保障,何況我方承諾在先。因此三月時,美方使出一貫伎倆,除欣然接受一字不改的立法協定外,另外追加三項行政上的要求。

　　美方提出行政上的要求,就他們的立場也不無理由。一則,雖然同意立法解決,但立法的實質和實現的日期遙不可期,我方在此方面不肯顯現絲毫的誠意。再則,談判時的重點既移轉至執行的成效,一再強調取締硬體非法,拆房子的重要性,偏離了智產權的主題。美方恐怕不會輕易認為,這只是我方掌握不住談判的焦點。倒寧可懷疑是我方惡意迴避,玩弄口舌的便捷,欠缺立法的誠意。而在完成立法前的這段時間裏,更迫切需要仰賴外交力量的介入,來確保美方的智產權。何況向我方需索的方向,確是比著作權法更有力的護身符。五月再談,這兩者便一躍而成了重頭戲。

新聞局如今調動警力,全面取締的方向,還是以MTV硬體違反安全措施,或涉及色情為主。有關智產權方面,除MTV業者為求在硬體上放寬標準,自行銷毀六萬卷盜錄帶來表態外,如何去取得授權,仍是茫然無緒。即使今天果真把所有的MTV都合法化了,授權不解決,只不過給美國八大有更多要脅的藉口罷了。三〇一的陰影始終存在。

綜觀此次MTV談判,充分暴露了行政體系在決策過程中的本位、自閉和輕忽的心態。MTV的存在有其社會性,也有其一定的價值。不是依行政首長一會兒稱讚它的詩情畫意,一會兒又認為它是罪惡深淵來定位的。尤其MTV的生存和管理,涉及較複雜的專業技術層面,它又不像大陸政策,或亞銀事件有那麼高度的政治性和機密性。因此決策過程首重對專業的尊重和該行業的了解。必須事前有充分的準備和必要的溝通。遺憾的是,新聞局主持這次談判,既未就專業先行諮詢,或統合其他相關機關的見解,僅採納其所信賴的外行意見,又未與MTV業者做足夠的溝通,更未對三〇一的危害做國家整體的考量。使得在一月可以漂亮解決的爭議,弄得不可收拾。

更不可思議的是,一月主談的代表,回來後立即投效到美國八大,主持八大在台灣維護智產權的業務。這種罔顧公務員最起碼的忠誠倫理行為,已命定了新聞局的慘敗結局。

MTV實在不是什麼大決策,三〇一的報復也未必真有那麼可怕。倒是這決策過程值得警惕。

III 爾虞我詐──台美談判桌邊的著作權

▍著作權的悲哀，文化的末路

台美談判的惡夢

著作權法六稿定案，內政部在美國規定的七月底內報行政院院會等待審查。唯日前傳來，美方對我國草案內容仍深度不滿。顯然會依循慣例，繼續施壓至我方完全妥協為止。

台美著作權關係自民國七十三年開始談判，從早期的要求開放翻譯權，進而脅迫我政府以行政力量保護美商利益，以至迄今強力干預我國修法內容和程序。此種完全蔑視我國主權的作為，實已令人血脈賁張，到了是可忍孰不可忍的地步。

美國如此囂張，所恃者不過是三〇一條款的報復，近日又加上我國急欲加入《關稅貿易總協定》（General Agreement on Tariffs and Trade, GATT）的窘迫而已。美國為了壓榨殆盡我國的利益，三〇一勢必仍是最後祭出的利劍。GATT 的影響因素更是複雜，決策當局應該有從自身產業結構的改變，及多求生路的認識，而有所堅持。無奈我政府在經濟掛帥的主導下，又長期自昧於美國的強勢，百般的怯懦，根本缺乏前瞻、全盤的見識和考量，又沒有靈活的談判策略，不自主的便逐步陷入了美方的蠶食戰術中。更有我國商人唯利是圖，無恥勾結。也就難怪從稻米、火雞、牛肉到農機品、保險、金融、洋菸、烈酒一路失城陷地，除俯首投降之外，又有什麼談判可言？

著作權的交涉亦復如是,如今雖還在膠著狀態,談判至今的結果,已明白為我國文化發展的前途判下了死刑,其為害之烈,無以復加。

著作權法草案所欲貫徹的基本精神

從民國七十八年三月MTV成為焦點開始,修法便成為最後的手段。我國著作權法雖在七十四年做過修正,但大致上沿襲十七年的老體制,仍然存有頗多窒礙難行及與時勢扞格之處。大修本是政府七十七年度計畫中的工作,美方的壓力只不過催促了修法的腳步,或許反而是項助力,無可責怪。但修法的主權應操之在我,應是無可置疑的。

在立法自主的認知下,民國七十七年底我獨力承擔下了修法起草的重擔。由於多年來一心想為我國重建文化發展的法律秩序,使命感的驅使,雖明知艱鉅亦只有勉力為之。既要為長遠的文化發展規劃藍圖,便得拋開舊有的枷鎖,也顧不得中美協定中無理的要求。修定案的草擬在秉持著三項基本原則下進行:

1.將著作權法定位在文化的意涵上,還原其為具人文意義的法規,以保護「人」的「心靈」的創作為目的,讓它所保障的利益,能真正回歸於原創者。是以,一方面,加強對創作人的保護;一方面將非屬原創,但將原創加以製造、演繹、表達的二手創作,如錄音、表演及製版等歸類為「鄰接權利」與著作權並列,享較次要的保障,至於純商業行為的競爭,應回歸公平交易法的領域,以維護著作權法為文化法規之母的原貌。

2. 保護創作，固是基於人道及公平的立場，也是欲藉此激勵作用，提升創作的質與量，回饋社會大眾。因此，**整體文化的促進，才是著作權法最終的目的**。基於此要求，既加強創作人的保護，對大眾使用的便利亦不得偏廢。故草案中特別強調「合理使用」與「強制授權」的規劃，努力尋求公利與私益的平衡點，務期使二者得以兼顧。

3. 文化是領導政策的先鋒，**政府最好的文化政策便是撤出創作的領域，完全不與干預和掣肘**。唯有消極的替創作人維護開放和自由的環境。著作權的主管機關所要擔負的責任應圈定在輔助、協調、研究上。行政不但不應越界侵犯了司法的權限，也不得扮演指導的角色。

此三項原則，架構出了第一稿修正案。為安置民國七十八年七月簽署的《中美著作權保護協定》[1]，只有以除外規定，將協定另做特別安排。此乃不得已之痛苦決定，而美國在七十九年六月談判中所指稱的「雙重標準」即源自於此。

美國對著作權的特殊觀念

著作權法例向分歐陸與英美兩大系統，雖然近年來漸有統合的趨勢，但基本的歧異仍透露出截然不同的思想與風格。歐陸法以著作權為自然權之一種，故採開放的態度，儘量以概括條款，容納新興的媒體所開創出的著作，完全不重權利取得的形式。且既以「人」為本位，乃特別著重作者的人格權。簡單

---

[1] 《北美事務協調委員會與美國在台協會著作權保護協會》，簡稱《中美著作權保護協定》。

的說,歐陸著作權法乃以保護「人」的法規,也是我們修正案所師法的精神。

美國文化發達也晚,開國初期甚且以盜仿起家。近代更發展成資本主義的領袖國家。工商發達後,連文化也企業化,文化財形成霸權操縱在企業手中。所以美國著作權法採實定法主義,以保護文化「財」為目標,不重創作人的精神權利。也就是說,美國著眼的是「商業利益」,將錄音等大多歸屬於企業集團的二手創作,亦納入著作權內。排除鄰接權之設立,即其特例,充分彰顯出重利的色彩。

中美著作權保護協定的陰謀

台美著作權關係經歷多年談判是越談越複雜,即使在民國七十八年七月已經簽定保護協定,仍然沒完沒了。而此項協定便不啻如一顆地雷,隨時都有引爆的可能。

《中美著作權保護協定》,顧名思義,應僅為台美有關著作權保護之互惠規定,不料其內容竟酷似一部完整的法案,舉凡著作權之定義、種類、內容、受保護人、保護領域、期間、方法等無一不有鉅細靡遺的規定。其間的蹊蹺,直至民國七十九年的談判,始暴露出隱藏其中的陰謀。

原來,美方擬定的此項協定,全篇充斥著美國法的重利思想。更顯美方以文化輸出國的強勢立場,所在意的是如何保障其國內出版商、電影商、唱片商的利益。我國創作人的維護、大眾使用的便利,以及司法程序給美方的不便,自然不被允許。至於我國文化前途、創作生機、國家尊嚴,這些抽象而不可及

的理念,連我們國人都未必在意,更是任由美國的商人政客踐踏,毫不足惜了。

美方指稱為實踐《中美著作權保護協定》,我國著作權法不得有「雙重標準」,堅持將協定中的美方價值,一概轉化為草案內容。其實,我政府也不必另行起草,只須將中美協定冠以「中華民國著作權法」之名稱可也。

尤有甚者,《中美著作權保護協定》第二十條規定:「本協定締約雙方,應定期磋商,檢討本協定之適用與運作,以確保時間與情勢演變中,仍能貫徹本協定之目標。」換句話說,不僅此次修法須以中美協定為內容,以美國的需求,為我立法之準則,往後,亦須時時檢討、配合,來確保美國之利益。

除此之外,美方為鞏固其商人在我國的司法利益,再提出:改為公訴罪;取消易科罰金;持有五份以上盜仿品即推定有出售或出租的故意;美商可不循民事訴訟程序,直接申請當地警察逕行扣押輸美商品等極度違反刑事法理、民事程序、刑事政策及侵犯人權的要求,與滿清末年的不平等條約又有何不同?而以歷來談判的經驗,我們不得不悲觀的說,這些罔顧我國司法尊嚴的條件,為了交換三〇一和 GATT 的加入,成為事實,也不無可能的。

談判桌下的競技

談判桌上,美國代表一向出之以咄咄逼人的態勢,我國則以投鼠忌器的軟弱回應。談判桌外,美國官方自能應用其外交、政治、軍事上的影響力,使我國尚未上桌就已就範。而在談判

著作權的悲哀，文化的末路

桌下，美方也自有其縱橫捭闔的手腕。民國七十八年一月，我國主談的新聞局課長自華盛頓鎩羽歸來後，立即高薪被禮聘為對方利益集團效力。那次談判，為了 MTV 的公開播映定義，而有將會導致「憲政危機」的荒謬決策。

民國七十八年七月、八月，美國利益集團的代理律師兩度對我個人進行遊說。許以重利，包括可向我政府施壓給予我個人任何好處，只要我全盤接納已代為擬好的草案；繼之以威脅，否則：必有麻煩。

作為一個台灣人，面對此種情境，只有深沉的屈辱和悲哀！感嘆的是，國家利益有多少是在是非大義沒有分際之中流失的呢？國家兩百年來的積弱不振，良有以也！

雖然，修訂草案尚須經立法院審議通過，才能定案。此點亦曾多次向美方表達，對行政機關的百般逼迫，未必能夠奏效。美國代表是何等精明的角色，美國豈會不明白我們的立法院不過是行政院的橡皮圖章？以當前的立法院素質，又豈有不被美國力量所掌握的？美國也深知協定終須轉化為法案，才有更堂皇的拘束力，此所以在談判桌上下毫不鬆懈，不達目的誓不罷休！

台美著作權談判，仍然無止無休。算算這幾年來已漸漸淪喪了行政、立法、司法的自主權，連賴以延續民族命脈的文化生機，也被人掐住脖子，任人擺佈。難道這一切只不過為了台灣能夠多賺一點錢？值此朝野都為政爭瘋狂之際，我們又能期望廟堂之上的袞袞諸公，有誰來力挽狂瀾，把眼光稍稍暫移在長遠的文化發展、國家利益之上？也許我們只有等待著和這「貪婪之島」一起沉淪吧！

III 爾虞我詐──台美談判桌邊的著作權

中美貿易開戰的警惕

　　美國因不滿意中國大陸就智慧財產權保護所做的措施，在本月四日正式宣告兩國間的貿易談判破裂，確定將自二月二十六日起依美國貿易法特別三○一條款，對中國進行總金額達十億八千萬美元的貿易報復。被課繳百分之百進口關稅的產品，包括塑膠製品、答錄機及無線電話、運動器材、自行車、以及各種小件用品等不下數十件。這是美國祭出特別三○一條款以來，金額最大、項目最多的一次報復手段，又以台、港、東南亞及歐美地區在中國近十年來的開放經濟政策之下，有大量的資金和廠商投入，因此都將受此次行動波及。影響所及，自為世界各國所矚目。

　　雖然一般相信如此大規模的貿易制裁行動，不但殃及池魚，也會引起中國的反報復策略，對美國商業不無損傷，將是個兩敗俱傷的局面。預測在二十六日實際行動生效前，仍頗有折衝緩和的餘地。但港台等地股市已產生立即效應，投資商人已在預估可能損失，而計畫撤廠至其他地區等等，都已展現出特別三○一的巨大威力，和即將產生的商場秩序的重大變革。

　　本來，智慧財產權成為國際貿易上的焦點，以及《關稅貿易總協定》（General Agreement on Tariffs and Trade, GATT）的主要課題，也不過是近十年來的事。智產權的發展與當地社會的文化素質、歷史背景和政治生態都有密不可分的關係。歐美國家也是在**經濟條件成熟、民主制度完全**，和**文化素養精緻**以

62

後才能致力倡導的觀念。因此,國家開發程度直與智產權制度健全與否成正比例。歐美國家為達到開放市場,及他們認為公平貿易的目的,以其絕對佔優勢的智產權利劍,逼迫與之貿易的弱勢國家就範,正是無往不利的手段。此所以東亞國家無不聞三〇一色變的原因。

然而,對極欲以經濟起飛來帶動國家發展的幾個開發中國家而言,由於法律制度、社會觀念、人民素質乃至意識型態的未能配合,要在極度被壓縮的時間內,建立起西方標準的智產權體制,實在有其本質上的困難。就如中國大陸人口眾多,教育低落,普遍貧窮。一般人民既要追上風潮,消費西方的文化產品,卻無力負擔附加的權利金,更沒有智產權應予尊重的觀念。政府則在所有司法制度都還要重建之際,欠缺完善的執行甚至審判系統,依西方觀念移植而來的智產權法規便猶如畫餅。

更要緊的是,西方文化產品的大量合法輸入,會動搖政治統治的意識形態,也傷害到傳統文化的延續與成長,揠苗助長的強力貫徹西方智產權制度,勢必連帶引起司法、政治制度骨牌效應的變革,更不免因此傷及國家尊嚴和主權的感情。

美國一向咄咄逼人。以這次要求關閉工廠,要求中共保證長期執行保護智產權的協議,以及對美國開放影音市場幾點,正是觸及了上述的對開發中國家而言普遍的痛腳,而致中國政府不惜以其貿易利益為賭注來拈拈虎鬚。

或許和美國交手的開發中國家,顧及經濟利益,最後都會投降。但在客觀條件並不成熟下,橫柴入灶,非要採行歐美標準的制度,我們是很難對之有所期待的。也深信唯有從觀念上

潛移默化,制度上與司法體制緊密配合,才能使智產權的保護,充分發揮鼓勵創新、提升文化的功能,台灣的發展正應以此為戒!

　　台灣與美國貿易談判,亦曾走過艱辛的道路,對今日中國處境,絕無幸災樂禍之情。只不過見此景況,為保障台資,台灣對大陸貿易所該思量之處,應該更加留意大陸投資環境的不可高估了!

IV

立法訂制——
著作權「法」的世界

著作權審查取得的商榷

著作權法自民國十七年訂定,經三十三年、三十八年、五十三年及六十三年四度做局部條文的修正以來,施行已整整五十年了。早期因局勢動亂,政府無力顧及文化的發展,雖然法規簡陋,不足以規範當時社會狀況,倒也相安無事,並無多大爭議。

直至民國四十五年到五十年期間,台灣全力發展經濟,吸收國外科技,對西文書籍需求甚殷。這時,有些出版商以有巨利可圖,利用廉價勞工及紙張,大肆翻印外國受著作權保護的書籍,供國內需求,順便大量傾銷至原出版地,因而引起國際上的軒然大波,使我國蒙上「海盜王國」的惡名。

近十餘年來,西書翻印的問題,由於政府的多方防堵,和某些圖書公司取得合法的授權而稍事收斂。但國內文教出版事業的蓬勃發達,相應的,不但在國內導致盜印、剽竊、侵害事件層出不窮、光怪陸離。甚至學術界也屢見抄襲的事件,都未見有力的制裁。但是,在東南亞地區,卻由於華僑社會的需要,台灣的文藝作品反遭當地商人盜印而受到嚴重侵害。

著作權法欲振乏力,規定簡陋,辦法落伍,根本無從保障當事人的權益,更遑論促進文化的進步。因此在精神上、財產上,對個人、對整體所造成的損害,實較眾所矚目的經濟犯罪有過之而無不及。

Ⅳ 立法訂製——著作權「法」的世界

在諸多弊害之中，最為落伍，最為人詬病，最不能令人接受的，當屬著作權的審查制度了。著作權能否取得，需先經過政府機關做內容的審查，此時此地，難言未可厚非，且就立法精神來看，更是十六世紀，專制政府控制言論及出版自由的產物。自有著作權法制以來，就很少有文明國家採行。而我國主管機關至今仍然不願廢棄，實為識者所難贊同。

姑不論著作權審查制度在當今局勢下有否需要，其在法史上、法理上，及實務上，都極不合理，實行上頗多困擾。以下，乃逐一分析之。

審查制度的由來

著作權審查制度起源於十六、七世紀王權高張的時代。當時並無著作權的觀念，英國王室為箝制言論自由，取締具煽惑性的書籍，單獨授權給由經營出版業務的商人所組成的出版公會（Stationer's Company），來檢查出版物的內容，為王室把關。凡是詆譭王室，或者王室認為是異端邪說的著作，都不准出版。

當時的著作發表，只限於印刷出版一途，而出版又是出版公會獨家壟斷的事業，由此演變成著作出版，須先經事前審查的制度。等到一七〇九年歷史上第一部著作權法——英國的安妮法案問世時，正值自由思想澎湃，英國出版公會的授權法令（Decress of Star Chamber）及授權法（Licensing Act）都已先後廢止，所以也揚棄了審查制度，僅以登記為宣告著作權存在的方法，或轉讓著作權的當然證據。其目的，不過讓著作權得以公示眾人周知，以免無意間侵及他人的權利。此後，各國紛紛

仿效安妮法案,制定著作權法,或以出版,或以創作,即當然取得著作權。在現代的文明國家中,從未有以審查為依據,以之為著作權取得與否的條件的。

登記制度與審查制度不容混淆

我國著作權法向來都採審查主義,歷次修改,主管機關都以全世界各國無不採登記制度,而執意謂審查之不可廢。殊不知審查制度從未為文明國家所採行。登記制度與審查制度,乃為不相干的二事,絕不容輕易混淆。此從現行著作權立法例中,即可明瞭其根本。

1. 英國著作權法在一九一九年曾做過大幅度的修正,不但把從安妮法案時代起即沿襲而來的以「出版」為取得著作權的要件,更改為一經「創作」即當然取得著作權,甚且廢止了形式上要求登記的條件。一九五一年,英國著作權法再度修正,仍然不採登記制度,著作權的取得和轉讓都不需登記,惟有繳存著作物仍為強制規定,這不過為保存資料而設,與審查或登記都無關連。

2. 美國著作權法早期沿襲英制,一七九〇年首度制定時,即以登記為起訴及請求律師費用、法定賠償金額的條件。

著作權的取得,在一九七八年新法案施行前,一直採「雙軌制度」,以「出版」為界。著作一經出版,立即受著作權法保障;未出版的著作,只能依普通法(Common Law)用權利侵害、隱私權侵害、違反契約或不正競業的法理來保護。

Ⅳ 立法訂制──著作權「法」的世界

一九七八年新法做了革命性的修正,在方式上更簡化著作權取得要件,只要智慧產品一形諸實體,立即不容他人侵犯,不再劃分為兩個階段。登記仍然只為舉證的一個方法而已。

3. 西德是屬於大陸法系的國家,與我國及日本的法制屬同一體系。西德在四〇年代初期即開始研究修訂舊著作權法,到一九六五年完成公布。西德著作權法規定文學、科學及藝術作品的創作人,就其著作物,當然依著作權法受到保護,不須登記或註冊,只須以通常的方式,表明其為著作人即可。

4. 日本在明治時代的版權條例,以登記為著作權的取得要件。一八九九年制定著作權法時,改以登記公示為著作權的對抗要件。未經登記,其繼承、移轉及設質,均不得對抗第三人。與著作權的是否取得,從來無關。一九七〇年日本新著作權法,更以登記為著作人的推定證據,及在一定條件下對抗第三人的要件了。

5. 文化貴在交流和互相影響,著作權的規範已越趨國際化。因此,早在十九世紀,各國間便以雙邊或多邊條約來促進國際合作。其中最重要的,當屬伯恩公約(Berne Convention)及環球著作權公約(Universal Copyright Convention)。前者,著作權的享有及行使,不須履行任何方式;後者,尊重參與國的國內規定,如規定僅須附加著作權©標記的,也一概有絕對放力。

總而言之,目前世界各國,或根本不採登記制度;或以登記為公示的方法,當然的證據或對抗的要件,在在都與審查制度無關。在登記之外,另由行政機關審查其內容,以決定是否應授與著作權,在著作權立法史上除我國外,是絕無僅有的。

審查制度有違憲之嫌疑

憲法第十五條保障人民的財產權,除非依憲法第二十三條,為了防止妨礙他人自由、避免緊急危難、維持社會秩序或增進公共利益外,不得以法律加以限制。目前,有關著作內容的管理,屬出版法的範疇。而著作權法第二條第二項規定,內政部對於依法令應受審查之著作物,在未經法定機關審查前,不予註冊,亦即不承認其著作權的存在,不給予法律保障。依法應受審查的著作物,僅有出版法第二十一條的規定,亦即出版品為學校或社會教育各類教科圖書、發音片者,應經教育部審定後,方得印行。除此之外,並無其他任何有關審查權限之根據,或審查標準的規定。

但是,內政部逕行組織「著作權審定委員會」,對出版法第二十一條規定以外的一切書籍、文藝創作,先行審查其內容,再決定其權利之有無。根本上,以行政命令剝奪人民權利,是違反憲法精神的。

自民主法治思想興起以來,「所有權絕對」,一直是法學上的重大原則,也更是民主運動所標榜天賦人權之一種。**著作權為人類智慧、精神結晶,屬無體財產權,其因創作而當然取得,與其他有體財產權原無二致**。只以無體財產權兼具促進社會文明的功能,國家乃以特別法予以規範,並為一定的限制。如今,各國法制無不較一般財產權更形重視之。紛紛延長其權利的期限,不但著作人本身可終身享有,其繼承人仍能繼續享有一段長時間,之後才歸為公共物,由公眾自由利用。相形之下,著作權較一般財產權更具價值,其所有豈能由行政機關加

Ⅳ 立法訂制——著作權「法」的世界

以否決?更況著作人格權,是歷萬世都不容侵犯的(韓愈之誹謗案即為明證),其取得與否,又怎能取決於行政機關的審查?

審查標準未盡合理

目前,著作權的審查標準,並無明文規定,僅依「內政部著作權審定委員會組織規程」訂定的標準,或謂是否出自申請人的創作、是否違反著作權法、出版法或其他法令?文理有無錯誤?內容是否抵觸國策?是否迷信晦淫?影響他人利益等。

如上所述,除教育書籍由教育部負責審查,法有明文外,其他書籍,如有違背國策或違法犯紀,當可依刑法、出版法、台灣地區戒嚴時期出版物管制辦法及其他有關法規查禁或予以其他處分。**內政部就著作物的內容,實無審查權力**。著作物文理有無不通,立論有無錯誤,內容是否正當,如未到有關法令應行處分的程度,其文責和經濟上的後果,應由著作人自負。而文字的好壞,情節的美惡,更屬主觀的評價,與著作權的取得與否實在無關。

至於著作是否創作,以文海浩瀚,即使專家,在當事人未提起侵害之訴前,亦難以判定。以致如抄襲盜印未曾申請註冊的作品,亦認許為創作,甚至由國家授與著作權利,不啻開門揖盜,鼓勵侵害。如不以之為創作加以駁回,無異又給與未經註冊的作品以保護。豈非自相矛盾,難以自圓其說?再者,如審查錯誤,對侵害他人的作品也給予著作權保護,又將置政府威信於何地?既然主管機關現已儘量放寬審查標準,言稱:每百件申請案中,至多只有三件予以駁回,則又何必耗費龐大的人力、物力,於此無謂之務?

行審查制度實務上頗多困難

依現行辦法，書籍、唱片、電影片等，固可出版後再行送審，但現代著作權早已不再侷限於這幾種傳統的表現方式。舞蹈、演唱動作、表演人員的特殊風格等鄰接權的概念，也早已包含在著作權範圍之內。這些標的物應該以何種方式送審？審查標準又該何在？

個人的書信、照片、報章雜誌上的短文、單張卡片、單幅繪畫等，依著作權規定，都應分別一一送審。這類創作，是否具有經濟價值，以後是否會被侵害，尚未可知，又豈是一般人願意花錢費力去維護的？待侵害發生，損害業已造成，再行申請亦無實效。因此，雖將著作權保護範圍擴張得極為廣泛，終以審查制度的不切實際，執行上諸多困難，仍將使著作權法徒具虛名，並無保護的實益。

再者，未出版的作品，亦為著作人心血結晶，或為手稿，或是私人紀錄，縱使未對外發行，尚不具經濟價值，但其著作人格權的保護，又豈容忽視，而任人侵害？申請案件的絕少，並非當事人忽視自己的權利，實為審查制度的層層限制，令人無從獲得保障；審查程序的繁瑣，令人望之卻步而已。

審查制度適與保護政策相連

著作權所保護的內容，為禁止他人未經原權利人同意，而擅自盜印、剽竊或抄襲。以著作物內容不佳或有背公序良俗等理由，不予著作權保護的結果，乃使他人不受原著作人的限制，

IV 立法訂制——著作權「法」的世界

名正言順、公然合法的盜印發售。以致欲蓋彌彰，淫盜邪說流傳更廣，有違審查制度淨化著作物之初衷。

　　再者，著作物須先行出版，始能送審。審查通過，雖有收回出版物，再另行加印著作權字號的繁瑣，倒也皆大歡喜。唯審查未能通過，但著作權法並無禁止出版或流通發售等附帶處分，著作人本人仍可繼續出售牟利。反之，如僅著眼於市場價值，有意為不良創作，儘可不必申請著作權保護，著作權管理當局亦無可奈何，並無取締權力。凡此，皆為說明審查制度，絲毫未能達到激勵創作，促進文化的功能，豈有存在的必要？

　　法律的功能，不僅在維護當時社會的秩序，更要推動社會文明的前進。因此，在先進國家任何法律的制訂、修正，無不經過長期磋商，集思廣益，期能適應三、五十年後的社會變化。近來國內積極提倡文化建設，對著作權更不能掉以輕心，必以高瞻遠矚的意境，大刀闊斧的手段，來做全面修正。革新基本觀念，廢除審查制度，才有其意義。否則，僅以範圍擴大，刑度提高，罰金增加等技術性的修訂為已足，終將減低它的價值。

　　　　　　　　　　　　　　六十八年九月六日中華日報

呼籲立法院慎審著作權法

　　蹉跎延宕了十多年的著作權法修正案,終於在立法院審議了。關心文化發展人士的滿腔熱切期盼,卻被第一天審查會議的草率、輕忽潑了一盆無情的冷水。

　　尤其「創作保護主義」的被擱置。

　　時至二十世紀的今天,竟還有委員主張採行「註冊保護主義」,真是不可思議。學界、實務界十多年來呼籲、努力的目標,顯然對某些人尚未見功效。若因這些不察事理的人,有意無意中再度使著作權法淪為具文,則重建文化生活秩序,創新文化生命的希望必將因之落空,那才是無可彌補的遺憾。

　　不論某些立委所主張的「註冊保護主義」內容為何,在今天都已是不合時宜,無法規範現實問題的制度。如仍採現行法先經審查,再許註冊的辦法,不只表示對於「著作權」本身是一種無體財產,也即是「智能財產」的觀念,尚不盡瞭解。若再維持舊法,則不啻要繼續扼殺文化創作的生機。

　　多年來,文化界一再陳情:第一、審查制度是十六世紀英國專制王朝挾著作權保護之名,行箝制言論之實的遺物。自一七〇九年立法史上第一部著作權法——安妮法案頒行後,即再無任何進步國家採行。第二、著作權是一種因著作完成而「自然發生」的權利,其所包含的**「財產權」**及**「人格權」**都是**憲法所保障的基本人權**。現行法授權內政部以行政命令審查著作物內容,以為取得著作權的規定,根本是落伍而且是違憲的。

Ⅳ 立法訂制——著作權「法」的世界

第三、現行的內政部「著作權審定委員會組織規程」所訂定的審查規格程序，早已不合時宜。主要是因為作品內容好壞與著作權的取得全然無關。因為作者及著作的內容只須向法律負責即可，由行政機關來裁決違法與否，則已侵及司法權的獨立，破壞五權憲法的精神。第四、審查制度事實上，在今天已窒礙難行。繁瑣的程序，巨額的審查費，令人望而卻步。至於某些著作物無法送審，審查結果不能達到預期遏阻不良著作物的結果，反而助長侵害惡風等，都是過去一再被詬病的理由，因此才有修訂之議，才要改進。奈何到了立法院，竟然仍有人抱殘守缺，致遭擱置！

如所謂註冊保護主義，仍能使著作人一經創作即取得著作權，則註冊又具何等的法律意義？若以之為提起訴訟的前提條件，不但違反憲法保障的訴訟權，而且權利如沒有司法救濟為後盾，依舊是紙上談兵；若以之為證據方法，則法律效力薄弱，不過徒增行政上的困擾而已。

登記制度雖為美國所採（但美國並不審查內容），其落後繁瑣，早為歐洲及大多數進步國家所詬病，其國內亦經常有改進之議。

法律修正一次不容易，一旦修正，我們就應朝最理想最合時宜的方向邁進。我們至盼立委諸公能夠潛心研究一下這個具有現代色彩的問題，勿再種下錯誤的根。

內政部提出的修正草案所採「創作保護主義」，是一種開明進步、順應民情和潮流的制度，創作保護主義是著作權法的生命中樞，審查註冊制度卻是文化發展最大的絆腳石。祈盼立委先生們能高瞻遠矚，為國家民族的文化前途審慎為之！

七十三年十月二十三日民生報

著作權立法應採的途徑

政府近三十年來傾全力於經濟的發展,先後完成六期四年經濟計劃及六年經濟計劃,並有十項建設,使國家經濟建設獲致空前的繁榮,舉世視為經濟史上的一項奇蹟。

但,利之所在,弊之所趨,過度的經濟膨脹,使得我國固有的道德觀念解體,價值判斷改觀。世人重利輕義,重物質而輕精神。因此,非但在文化的創新上,我們較其他文明國家要瞠乎其後,甚至連先民遺留下來,足以傲視世人的傳統文化皆無力維護。

所幸政府有鑒於此,今年乃將文化建設列為十二項建設之一。行政院復訂頒文化活動實施方案,包括充實文化活動內容,及修訂與文化發展最具密切關係的著作權法。這才使已擱置多年,為文化界、學術界極力呼籲的著作權法修正案重新提出討論,而由內政部著作權法修訂委員會於九月底完成初步草案,並將於近日內報請行政院核議。

內政部所擬草案,目前尚未到公開階段,致無法獲知該項草案的詳細內容。僅能從報端披露的消息,得知此次共增訂條文四條,修改條文二十五條,維持現行法條文共二十七條。全文合計四十六條。其重點不外為:擴充著作權保護範圍;提高對侵害者處罰的刑度和罰金;將原列於施行細則的外國人著作權的保護,改列於草案正文;以及增加專為保障演藝人員動作表演之利益之罰則等。

在未詳研草案全文之前,固不敢輕做斷言,但自上述報導及內政部修訂草案報告來看,終難免要令眾多對著作權法修正寄以厚望的人士憂心忡忡。蓋此次法案的修正,看來在觀念和精神上並未能脫出民國十七年制定的現行法陳舊落伍的格局。更未改弦易轍,重做規劃,僅為局部條文的修正。就整體而言,似嫌零亂,難成制度,究竟能有多少振衰起弊,促進文化的功效,實難以令人樂觀。

著作權法藉著對著作人權益的保護,激勵其創作,進而促成社會整體的文化發展。其鼓勵、獎助的意義遠大於管理、壓抑。個人與社會的利益並重,不當有所偏廢,故在近年來,世界各國就著作權立法所採取的態度,無不兼容並蓄,謹慎從事。幸而,此次草案尚未作最後決定,仍有待行政院核議,也就還有改進空間,故敢不憚其煩,略述一般立法原則,以為我國修法的借鏡。

著作權法對個人的保護愈趨周密

1. 保護範圍多做概括規定

著作權雖係無體財產權的一種,但並不如專利權與商標權之具體確實,非待他人有侵害行為發生時,不能見其實效。而著作權的保護既能激勵著作人的創作,則其保護範圍不妨儘量擴充,以能涵蓋所有精神創作,智慧產品。更何況著作權並不保護「概念」或「想法」,必須將其形之於具體形象,始能為他人感知。

著作權立法應採的途徑

　　早期,著作物以印刷為僅有的傳播方法,應受規範的內容尚簡明易行。但自二十世紀初期以降,科技進步一日千里,新的傳播工具層出不窮,國際間的衛星傳播已是主流,電腦的應用更是無孔不入。微波、微卡等的應用將日漸普遍;而未來科技將有何等發展,非任何人所能逆料。法規的制定,非但為適應目前的社會,更應未雨綢繆,領導社會的進步,早日就可預見的事實預為規劃,以免未幾又捉襟見肘,不夠應用。再輕言修正,曠日廢時,不符現代立法技巧。

　　是故,日本一九七〇年著作權法於第十條將應受保護的著作物做例示的規定,並不限於所列的八項著作物。美國一九七六年著作權法更在第一〇一條定義的界定中,明示條文中「所有」(包括 including)的字眼,均指例示規範,而非限制規定。故不限條文中所列舉的項目,凡是人類精神創作,能形之於實體的,都在著作權法保護之列。

　　內政部此次修正草案,擴大著作權範圍為最主要的重點。除原有的文字著譯、美術製作、樂譜、劇本、發音片、照片及電影片外,另增列語言之著譯或具有創作性之編輯物、活動畫、磁盤帶、地圖、科學技術設計圖或模型等列舉規定。固已考慮及當前所發生之問題,但將保護範圍侷限於法條明文規定的幾種,終難免有滄海遺珠之憾。就如即將面臨影印、微卡等問題,在無判例可資援引下,恐在法案經立法院通過之時,就有不敷應用之嘆。

　　再且,雖有保障演藝人員條文的增列,但終究仍有不足,究竟未將鄰接權的概念明白納入,且詳為規劃。為期達到保護

Ⅳ 立法訂制──著作權「法」的世界

著作之目的,實應增列概括條款,涵蓋既有精神產物為保護之標的,才具修訂意義,亦符合立法上的要求。

2.保護期間宜再延長並趨一致

如上所述,著作權本身係屬消極權利,僅禁止他人未經同意擅自侵害。故,不妨將其保護期間儘量擴充延長,以利著作人。美國舊法係採二十八年期限,期滿得再延長二十八年。但,一九七六年新法亦順應世界趨勢,及國際公約的規定,改為著作人自創作時起即可終身享有,並由繼承人繼承五十年。此幾為世界大多數國家一致的規定。更有西德採生存期間外,死後仍繼續享有七十年。或有採無限期的規定,如葡萄牙及尼加拉瓜二國家。

我國一向規定著作權為著作人終身享有並及於死後三十年。此次修正並未加以延長至五十年,以與其他國家採取一致的步調,似有再為斟酌之必要。而草案規定紊亂,除著作物用官署、學校、公司、會所或其他法人或團體名義者,其著作權之年限為三十年,仍維持原規定外,發音片、照片、電影片及活動畫、磁盤帶,由著作人享有著作權二十年;翻譯之著作,享有著作權二十年;而製版權又為十年。不但未詳細訂定該等期間應如何起算,而規定的過於支離紊亂,實有背法律應簡明易行的原則。

著作權法應兼顧公益

在個人主義式微,團體福利、社會責任思想發達的今日,為了社會整體的進步,個人的權益在必要範圍內,必須做若干

的讓步,這在民法上「**所有權不再絕對**」的理念上也能見其端倪。

著作權關係國家文化命脈,擔負起承先啟後的重任,雖對著作人極力保護,但也絕不能妨礙公眾的正當使用。因此歷來立法僅將著作權的權利限於非法的盜印、剽竊、抄襲、演奏、展示等,絕不限制他人使用著作物。在各國的法例中,對公益的維護不出下列三種途徑:

1. 明定消極不予保護的著作物

著作權法保護的著作物必須形之於實體,使他人能夠感知。故凡是存在於內心的或極端理念,原則性的思想公式「概念」、「觀念」、「制度」、「製作程序」、「方法」、「原則」及「發明」等,無論是出之於描述或解釋或舉例的方式,一概都不予以著作權保護,以便於他人的利用。

此外,關係政府的公務文書、法令規章、判例及新聞雜誌上的新聞報導,各類標語通用符號、公式、表格、簿冊、時曆等,或由法律明文規定不給予著作權的保護,或以判例確定他人的使用性,以保障文化的發展。按報載此次修正案就此部分也有增列規定,但就前項觀念上的定義尚付之闕如,卻另增違反法令著作物不得註冊之規定,其用語曖昧,易滋生紛擾。

2. 公平合理使用條款的明定

雖然列屬於著作物的概括範圍內,但因顧及社會公眾的文化利用,所以在相當程度內,容許他人不經權利人的同意,合理使用,不構成侵權行為。

IV 立法訂制──著作權「法」的世界

　　此種規定在一九六五年的西德著作權法中規定最為詳細，計有為司法及公眾之安寧而製作的作品或肖像；供教堂、學校或課堂使用之編集物；學校之播送；就報章、雜誌之時事問題及國家、自治團體或教會組織之公開集會上的演說加以複製，頒布及公開再展現；報紙社論及無線電廣播之評論；報紙期刊上有關時事的影像及聲音的報導；為註釋、或獨立的言語、音樂著作物中需要引用他人的著作；及非營利或宗教活動中之利用；供自己利用的單份複製，以及企業為播送而製作的短暫錄影等，都屬公平合理使用的範疇，具有阻卻違法性。

　　日本一九七〇年著作權法也限制著作權就個人、家庭、圖書館複製利用；註明出處的引用；教科書的複製，為學校及教育目的複製及播送；入學考試的應用；為盲人圖書館的複製；及非營利的複製；政治演說的利用；時事的報導；司法文件的複製，等等都沒有排他的權利。

　　美國關於公平合理使用的原則，最早出現在一八四一年的判例中。此後幾度修正法案都未及納入明文，僅以司法判例建立起規則，大致不出德、日法所規定的範疇。到一九七六年大幅度修正著作權法時，終將公平合理使用的原則予以明文化，依①使用目的和方法，究屬商業上的營利行為，或非營利的教育目的；②著作物的性質；③使用他人著作物的多寡，以及在自己著作中所佔的比例；及④使用後，對該著作物市場價值的影響等標準，來判定合理使用的範圍。

　　此種規定雖稍嫌空泛和抽象，但以美國法院的經驗和學養自能應用裕如。我國著作權法對此也略有規定，但僅規定節選

他人作品,以編輯普通教科書;以節錄方式引用他人著作供自己著作之參證註解;以及為慈善、教育及以公共利益為目的等活動而使用他人著作。且須持有主管機關證明文件者始為正當合理使用,不以之為著作權的侵害。這等規定較諸外國,終嫌簡略,而且散見於第一條及第十八條,不如在著作權限制一章中詳作規定,也有利於文化的推展。

3. 強制授權的採行

音樂著作物被利用的機會最為頻繁廣泛,其表示的形態也較其他著作遠為複雜,以致受到侵害的可能性最大,其應受保護的重要性及困難性不言可喻。在外國立法,不但就音樂著作的使用,詳加規定,且紛紛將演藝家及唱片製作人的第二次傳播權益(鄰接權)納入法規保護。

我國法律對音樂著作規定卻極為簡陋。除與文字著作類似的樂譜較受重視外,雖樂譜有演奏、上演、複製之權,但其實際內容如何?權限範圍如何?一概缺乏詳細規定。加以執行不力,所以有關音樂權的侵害,雖迭出不窮,翻版的錄音帶、唱片充斥市面,但卻少見案例發生,更遑論其他形態的利用。

音樂物的應用廣泛,又能陶冶情性,抒發感情,對音樂創作的保護雖刻不容緩,但也為便於公眾的利用,不但容許各種正當合理的使用,且須增設強制授權的規定。使唱片製作,或其他類型的複製,在經過一段時間的排他行使後,付諸公開。其他人可支付一定的權利金來使用該項著作。以免一人獨占,形成壟斷,再不就藏諸名山,失去促進文化的功能。

IV 立法訂制──著作權「法」的世界

　　強制授權辦法的施行，因為音樂著作使用範圍遍及各娛樂場地，及都市鄉村的各角落，而其形態又千變萬化，非音樂著作人所能獨力完成。故多由著作權人組成團體，居間處理，此為採強制授權制度必然的途徑。

　　美國最大的「全美作曲家、作者及出版家協會」在一九一四年成立之初，雖備嚐艱辛，遭到使用樂曲最多的娛樂業者強烈杯葛。經過長期的奮鬥，該著作權人協會終於受到法院的承認，如今擔任著作人及利用人間的橋樑，對著作權人權益的保護和公眾文化的利用，貢獻良多，成為不可或缺的組織。我國音樂著作權的保護尚未受到重視，著作權人協會創立伊始，還都有賴政府的大力扶助，才能建立完善的制度。

　　強制授權在著作權維護公利與私益的均衡上，有其存在的絕對價值。故此次美國修正法案，除原已有的錄音授權外，另增加了自動點唱機、電纜傳播等對音樂作品的使用，亦需支付權利金的規定。甚且設立權利金仲裁法庭，專事調解權利金的紛爭，及仲裁權利金的多寡。此種制度在世界其他各國亦大都採行，實足為我國之借鏡。

罰則的明確易行

　　著作權固然分為人格權與財產權兩部分。其經濟上的價值才是不法侵害者覬覦的主要目標。如以刑罰確實嚇阻其謀取暴利的途徑，必能正本清源，遏止歪風。但，「徒法不足以自行」，必須司法機關密切的配合。否則縱將對侵害者的刑度大幅度提高，卻無下限的規定，當普遍對著作權尊重的觀念未曾建立前，

短期自由刑無法排除刑法第四十一條易科罰金的適用,恐難收刑期無刑之功效。

至於民事上的賠償,受害人必須就實際所生損害,及對方所受利益提出證據,方能在此限度內獲得金錢賠償。法諺云:「舉證之所在,敗訴之所在」,更況流傳出去的著作物極難追查。故不若做法定賠償額的規定,受害人只須證明受害的事實,勿須舉證受害或受益的數額,由法院裁決,依侵害人惡性的重大與否,或分別故意與過失,並參酌市場價值,給予一定數額的賠償,使著作權人能獲得實益。侵害人既難免囹圄之災,又須賠償鉅額賠款,自不敢再輕易以身試法。

著作權取得程序應日趨簡易

美國著作權法一直都採取「出版」主義,必待著作物出版後始能受到著作權法的保護,否則仍屬普通法上的權利。但自一九七六年的新法案起,終於做了徹底的改變。順應世界趨勢,及配合國際著作權組織的要求,使著作物一經創作即刻受到保護。同時簡化形式上的要求,著作權標記、繳存著作物及登記都已非取得著作權的必要條件。

反顧我國自有著作權法始即採取註冊審查制度,此為目前其他國家絕無僅有的法制。其不合理、不合法,審查權力沒有依據,審查結果並不能達到淨化著作的目的,實行上頗多困擾,已經一再陳述,利弊立見。但終為當局棄置不採,殊令人焦急。

而在此次修正案中,雖對未發表之著作,已採創作主義。惟已發表之著作應採何政策究未清晰。未發表的著作已加保護,

IV 立法訂制——著作權「法」的世界

何以既發表未登記之創作，就應縱容他人加以侵害？既就演藝人員的表演採創作主義，何以不能擴及所有著作，使制度趨於完美？有關審查制度的廢除，因已另有專文討論，於茲不贅，謹盼主管機關就此能再三斟酌考慮。

　　法律的制度，必以民意為依歸，不但解決當前的問題，更應籌劃未來的發展。著作權法訂立於民國十七年，迄今已逾半個世紀，其架構早已破碎支離，落伍顢頇。仍以之為藍本，只做條文的修補增添，顯然不能符合時代的要求。誠盼主管機關能重做通盤考慮，廢棄原法，重起爐灶，參酌各國法例，建立起最完善的保護文化制度，則著作人幸甚！國家文化幸甚！

六十八年十一月中國論壇第九卷第四期

盜印風中的著作權法

• 一九七六年諾貝爾獎經濟學得主,傅利德曼教授四月底來華訪問的第二天,就發現了他去年和其夫人羅絲合著的一本「選擇的自由」,在台灣有三種中譯本外,還有售價僅四美元的英文盜印本。傅利德曼對他的書在台灣受到如此的歡迎,感到欣慰,但對台灣對他的出版權的不尊重,也感到不無遺憾。

• 當前在美國聲譽正隆的華裔女作家湯亭亭,抱怨在新加坡看到台灣出版的「女鬥士」的中譯本,並未曾事先徵得她的同意,以致對書名及作者名稱的翻譯都頗有微詞。

• 中華書局編輯的「最新增訂本辭海」,花了將近四年時間,耗資兩千多萬,甫行發售,就被盜印。恨得中華書局在報上刊登廣告,苦苦哀鳴,以巨額懸賞捉拿翻版的盜匪。廣告詞裡的憤懣、哀憐、無助,真是對法治的最大諷刺。

盜印猖獗國際聞名

我國盜印問題的猖獗,早從民國四十幾年起就已名聞遐邇,還曾引起過國際上的軒然大波。後來還是靠海關、郵政的禁止盜印品出口,才稍事壓抑了下來。著作權的侵害,由來有自。

不過,傅利德曼及湯亭亭卻都冤曲了那些重視他們作品,將之翻譯成中文,甚至就原文翻版的「出版家」們了。因為他們的所作所為都是為政府所允許、法律所保障的,雖然他們在國際上喪失了「國格」。

IV 立法訂制──著作權「法」的世界

我國現行的著作權法不正規定著,任何人的作品不在我國註冊、審查,即不受保護的嗎?誰去過問現今著作權的保護早已進入國際化的時代,註冊審查幾乎是兩個世紀前的古董了呢?傅利德曼也好,湯亭亭也好,不知入境問俗,不以作品的受歡迎為榮,竟還吹毛求疵,真是太不識時務了。至於中華書局也忒小題大作,盜印的案件,那日無之?法院不也都判刑罰金給予處罰,盜印者還要前仆後繼,無視法律的存在,法院也無可奈何。更何況,印書終究是雅賊,在百廢待舉,司法業務繁忙的此際,與經濟犯、竊盜犯、殺人犯、叛亂犯相比,實也微不足道,又何必大驚小怪至此?

著作權真是如此不關緊要嗎?多少年來東洋及西洋的文明大量滲入,出版品在這幾年雖也呈蓬勃氣象,但真正具份量、有創意,能在國際上居一席之地的作品直如鳳毛麟角。在經濟掛帥的政策下,我們的文化事業是受到摒棄和輕視了。

盜印風氣囂張,正當的出版事業難以維持;作家權利不受尊重,創作只得淪為副業。如此惡性循環的結果,自詡為有五千年古文明的文化大國,所能沾沾自喜的,只不過展示故宮博物院裡老祖宗為我們留下來的遺產。「文化沙漠」、「海盜王國」此等恥辱的印證,恐將永難祛除,而面對中共的文化統戰,也將招架無力了。

著作權法還在旅行

著作權法其實關係著一國的文化命脈,更何況出版事業增加就業人口,促進外銷市場,在國家總生產值上占有相當高的

比例，豈能掉以輕心，任憑文化盜賊斲喪其生機？但在此混亂的局面中，要如何才能挽此頹勢，而使著作權的保障，能步入正軌，進而維護文化的發展呢？我們認為不外下列三項途徑：

第一，**從速修訂現行落伍陳舊的著作權法**，使能發揮保障、獎勵的功能。現行著作權法是於民國十七年，參酌日本版權時代的條文為藍本所訂定。其間雖經數次的增補，但也不過略事提高罰金和刑度。基本概念上，從未有過巨大的變動，而和現代國際上立法的趨勢，至少落後了一世紀。

民國六十三年曾有修訂之議，後又為配合民、刑法的修訂耽擱了下來。前兩年，文化建設突然受到重視，著作權法的修訂乃舊事重提。只是雖有修訂小組，也曾有過幾次草案的擬訂，但仍難有多大突破性的變更，而今更不知「修訂草案」旅行至何處，何時才能定稿交付立法院審議，實在是令關心人士憂心忡忡。

文化事業屬百年大計，非能立竿見影。主其事者，不但要有文化素養、專精的知識，更要有魄力遠見，不計個人一時政績，才能紮根結果。否則僅做表面見得到的功夫，縱然一時燦爛，又豈能經得起考驗？著作權法是文化建設最根本的法規，必須有精確的理論基礎，及完備的實踐手段。我們要求政府不但要加速進行修訂的程序，更祈求在內容上，能一改保守、閉塞的心態，不再做釘補填塞的工作，而重新架構健全的著作權法。最起碼也要能達到國際上的最低要求，便能有文化交流的功能，以免再貽羞國際。

Ⅳ 立法訂制──著作權「法」的世界

為保障權益而戰

　　第二，透過傳播、教育的途徑，**從速建立尊重「著作權」的觀念**。不僅支持受害的著作權人挺身而出，如中華書局般積極的為保障自身權益而戰。以免姑息養奸，放縱非法行為。同時更應教育一般的消費者，切莫因圖近利，助紂為虐，侵害了創作人的權益，也抑阻了民族文化的生機。

　　更重要的是要呼籲司法機關，不僅執法要嚴，更應修正以往輕忽的態度。就因為司法單位一向不以著作權的侵害為嚴重的犯罪，不曾意識到對文化的斲喪，影響及立國的基礎，從來都是從輕發落。六個月以下徒刑，易科罰金之後，戔戔千百元之數，對寡廉鮮恥之徒，不僅不是懲戒阻嚇，甚且是對再次犯罪的鼓勵。此次中華書局的痛心疾首，力戰到底，也就為了對著作權判決一向輕忽的抗議，而法院能處以被告八個月徒刑，免除刑法第四十一條易科罰金的適用，也給一般受害人莫大的欣慰。

　　一般論者總以為著作權法的處罰太輕，是盜印猖獗的主因，故每次修訂的重點即在一再提高刑度。最近一次的修正案，對常業犯的刑度最高可達有期徒刑七年，實在是相當驚人的。平心而論，即使現行的著作權法，刑度較諸世界其他各國，已不可謂不高。如對著作權的侵害，再犯者，美國最高為三年以下有期徒刑；日本為三年以下有期徒刑；西德為一年以下有期徒刑，而法國著作權法對侵害者僅給予罰金，根本就沒有自由刑的規定。

我們現行問題的關鍵,並非在法律規定的刑度不夠,而是**法院的執行不力,和判決太輕**。如此種觀念未能糾正,刑度即使再行大幅提高,執法者卻仍我行我素,不過徒傷法律的尊嚴,又有何實益?易科罰金的適用,僅須以特別法排除之即可,委實用不著將最高刑度提高至世界最高標準,而侵害情況依舊舉世聞名,只有貽笑大方而已。

暴利太高罰金太低

第三,任何犯罪行為的發生,都有其複雜因素,並非重罰即可抑止。竊盜犯、搶劫犯、票據犯,在一片「亂世用重典」的呼聲下,仍舊是每下愈況,暴民之氣未見稍事收斂。盜印歪風之所以如此狂妄,只因有暴利可圖,乃不惜以身試法,又遑論道德、人格上的譴責。針對此因素,**除給予適當自由刑的制裁外,更應大幅度提高罰金及民事賠償的數額**,剝奪其不當之得利,給予金錢上的處罰,令其盜之無益。而受害人也能獲得實惠,才不致輕易放棄其合法的權益,多數以息事寧人的態度,和解了事。

修正中的草案,將最重的常業犯的罰金提升至四萬元,以一般標準,一元折合新台幣三元而論,亦不過十二萬元。以之與美國著作權法最高罰金可達五萬美元,日本著作權法最高可處三十萬日幣的罰金的規定,以及與現在生活水準相較,都不足對一個侵害的常業犯構成威脅。更何況法院從未以此最高刑度量刑過,而幾千至一萬元的罰金,對侵害人而言,與其所獲暴利相較,更是不具阻嚇的作用了。

Ⅳ 立法訂制——著作權「法」的世界

　　文化事業早已超越了地緣的限制,國際間的包容並蓄是不可避免的趨勢。每當有國際上的人士詢及我們著作權法的進展時,我們唯有黯然以對。盜人者,人恆盜之,如今我國文化創作在東南亞所受的凌虐即為明證。唯有先健全本身的制度,才有資格在國際上立足。文化建設是任重而道遠的,在這艱巨的漫漫長路上,也唯有靠所有中華文化的子孫共同來奮鬥了!

七十年七月時報雜誌八十四期

著作權創作主義必須建立

著作權法草案現正在立法院審議，不料有關「創作保護主義」一條竟然又起爭議，於是遭到擱置。前此筆者曾就審查制度之不可行有過闡述。願在此再作更進一步的說明。

著作權所要保障的是著作人經獨立思考、經營、安排的智慧產品，自應由著作人自己來享受其成果的權利。與其他任何私人的財產權及人格權毫無差異。要怎麼收穫先怎麼栽，是自由社會激勵開發人力資源的不二法門。國家設著作權制度以保障著作人的權益，為的就是鼓勵著作人努力創作，進而促進整體文化的發展。

我國目前處於非常時期，面對中共政權的鬥爭，我們最有效且強有力的武器，就是中共政權是中華文化的破壞者；而我中華民國才是中華文化的傳承延續者。但我們不能以保存中華文化為滿足，還須更進一步創新中華文化，使它充滿生氣活力，中華文化才有生命。這，只有健全的著作權法才能發揮如此的功能。

可是，很不幸的，民國十七年所制定的著作權法所採的註冊保護主義，根本違背憲法精神，破壞國家民主法治的形象。更嚴重的是由於註冊制度在施行時的弊端與羈絆，已完全扼殺了著作權法激勵創作，促進文化的功能。以致近三十年來文化市場秩序大亂、盜印、抄襲、仿冒的糾紛迭出不窮。文化素質每下愈況，國際上的指責也交相不斷。這都是大家都很清楚的

事,但很少人知道它和我們的著作權法的不健全,未能發揮基本功能有著極大關係。

有的人認為,或許「註冊審查制度」能夠抑制非法的言論或不當的出版品,這完全是一種不明事理的假設。其非但不能,更有助紂為虐的負作用。因為著作權法所保障的是,防止他人剽竊著作人辛勤的心血結晶,並不能禁止非法著作散布、發行。可顯見的,非法作品絕不敢去申請註冊,請求權利保護。反而希望他人廣為流傳。至於提出申請而被駁斥的作品,則無異被政府宣告權利的不存在,變成任何人都可公然剽竊。這一點乃是舊著作權法最大的漏洞。著作權法與出版法及其他管制出版物的規定,在性質上是截然不同的,不可混為一談,自斷文化發展的生機。

著作權法若不徹底從根本上革新,完全廢除註冊審查制度,改採創作保護主義,則無以挽救民族文化上的頹勢。這次內政部送審的草案業已修正了以往的錯誤,廢止了註冊審查,改為創作保護主義。政府已在進步,為什麼牛踐初等委員先生還在多所顧慮,看來像是在掣肘,使進步的法案反而在立院中遭到封殺?這是值得委員先生三思的。

七十三年十月二十六日民生報

▎審議著作權法應極審慎

著作權法草案,此刻正在立法院審議中。這次審議有兩大特色:一是不同於一讀時的輕忽草率,終能以較審慎的態度進行,二是利益團體的積極遊說,希望透過立法程序來保障本身權益。此二者都是尊重立法的進步現象,可茲慶幸。

但是,我們以為以著作權法這麼一部關涉國家文化、產業前途的重要法規,目前立法院的態度仍嫌保守消極。**著作權法既要保護創作人及投資者的正當報酬,使能激發創新和開發的動機,又要兼顧一般使用人得以合理利用文化資源,來促進整體的進步。**既要遵守傳統法學的基本原則,如罪刑法定主義、損害賠償原理、舉證責任的負擔及故意過失的推定等,又要肆應科技發展求新求變的衝擊。

立法院在面臨此等公益私利的平衡,國家發展與國際壓力衝突之間,唯有廣諮博議,容納各方對立的不同意見,而後在整體利益絕對優先的大前提下,並配合其他相關法規的修訂,才有可能制定出一部合乎時宜,領導國家文化發展的著作權法來。

國際上就著作權法的立法無不以嚴謹的態度為之。美國自五〇年代起,其間經過無數的研究,反覆徵詢各界意見,向國會提出不下十餘次修正案,到一九七六年才公布現行法。英國一九七三年組成 Whitford 委員會,對一九五六年的法案進行檢討,一九七七年始提出報告,共徵詢了近五百人次個人或團體,

IV 立法訂制──著作權「法」的世界

口頭或書面的意見。儘管如此,還立即在一九八一年,由貿易部提出綠皮書,再供各界討論,迄今還未定案。其他如西德、日本亦莫不慎重如是。

反觀我國,雖早在六十三年即有修改之議,但停頓拖宕,並未認真。除六十八年時有過一次集一百餘人於一堂,歷時兩小時餘的所謂「聽證會」外,再無任何正式的徵詢、研究和尊重業界立場的討論過程。七十一年國建會四十一位代表亦曾上書建議審慎立法,多辦聽證會。唯言者諄諄,聽者藐藐,並未受到重視。著作權法的修改仍是少數人的內部作業,更將之視為燙手山芋,急欲拋給立法院而草率定案。在這麼輕忽的態度下,又怎能期望它能發揮保護、創新文化的功能呢?

我們絕對能體認也同情受害人極欲儘速通過加重處罰的條文,以濟燃眉之急的痛苦心境。惟重刑恐非治本之道,更何況這次修訂並非只是修訂工作,在基本架構上已做了徹底的翻新,其間若有窒礙難行之處,爾後將使之成為具文,更有傷文化發展的元氣。

法律不怕修改,只怕內容不妥,使得惡法亦法。為應業界的需求,不妨先行通過罰則部分。其他專項,還有待從長計議。

七十四年六月二十日民生報

立委們,請放慢您的腳步!

著作權法在立法院終於完成一讀程序了。其間雖也曾有過一些激烈的爭辯,但終能順應輿情,尊重專業知識,使契合著作權法理和實際需要的「創作主義」,能獲通過。不過,綜觀草案的全部審議過程,除採創作主義有過辯析外,其餘條文幾乎都是在輕忽草率的情況下,匆匆通過的。創作主義固然是著作權法的生命中樞,但其他部分若未能密切配合,仍難激勵創新。事實上,該草案在細節方面仍頗多瑕疵,還有待立委先生們做更審慎的研討。

例如,既採創作自然發生主義,登記僅為請求行政救濟的條件。則此登記行為,不如交由法院公證處辦理,尚可取得法律上證據的效力;或者交由中央圖書館,可收廣搜資訊之便利。甚至交由任何教育文化機構主管,都遠比由業務繁雜的內政部主管,更能發揮著作權法在文化上的功能。草案將內政部列為主管機關,不過因循往昔採註冊審查制度之陳跡,實有再行商榷之必要。

又如,著作權人團體性質上究為研究著作權法的壓力團體;還是為著作權人集中事權,執行收取音樂權利金的非營利組織團體?草案第二十一條未曾明析究屬何種功能的團體,而輕率的將利用人也列入其中,往後如何運作?其權限若何?勢將滋生諸多的困擾和疑義,導致混亂的局面。

Ⅳ 立法訂制──著作權「法」的世界

再如,最近才造成困擾的錄影帶「出租」行為,因法無明文,法院遵守「罪刑法定主義」不以之為罪。草案亦未將此顯然脫法的行為予以明文禁止。此外,面對未來可預見的法律漏洞,草案中可曾有任何防堵之策?還有,電腦軟體既已列為保護客體,但以軟體性質的特殊,發展的快速,三十年保護期間,是否嫌過長?其權利取得是否該有特別的程序?還有,對外國人的保護,是否該採較平等的待遇,以使我國法制能有國際水準,還有　　。

現代化社會正面臨科技與法律的衝擊,著作權法的內容,也隨科技的發展,具有多變性與複雜性。而著作權又關係著文化的創新,是延續文化生命最重要的法規。法律修訂一次不容易,立委先生們,為了民族文化的生機,您怎能不重視這項法案,做精細審慎的研議呢?

著作權法的過去、現在和未來

著作權法的基本精神

人類文明的演進,不外由物質與精神雙面交織而成。創造物質所產生的財產權的保護,在社會形成之初即有相當規模。對精神創作的保護,卻遲至十六世紀,印刷術在歐洲廣為應用,使得文字傳播快速簡捷。盜印、翻版容易後,著作權的觀念才告萌芽。但談立法建制,卻已是十八世紀時候的事了。其實,物質上的具體成就固然值得禮讚,智慧的結晶卻是開發物質的基礎和動力。只因智慧產品缺乏具體形象,既難以量化又難於捉摸,以致其重要性長期來總為人所忽略。

自從英國於一七〇九年以安妮法案(Anne Act)首先建立保護智慧創作的制度以來,著作權法始終把持著兩項重要目標:**一是給創作人合理的報酬**。無論是就財產權的維護,或是就經濟倫理上而言,如此才合乎公平正義的原則。二是藉對創作者財產上的回饋,激發創作意願,培養專業創作者。事實上,所有保護創作者的策略,並不以創作者及其遺屬為唯一的受益人,最重要的精神,還在藉著**對創作者的保護、鼓勵,來增加大眾利用的機會,進而促成整體文明的進步**。更精確的說,社會整體的利益才是著作權法的最終目標。

創作者的利益,和社會大眾的公益固然要求取均衡,拿捏得恰到好處,才能和諧互利。但是,其中不可忽略的還有出版

Ⅳ 立法訂制──著作權「法」的世界

人的利益。在著作權立法建制之前,所有有關出版專業的壟斷,原本是為保障出版人的利益而設。著作權法雖將保護重心移置於創作者身上,亦不能完全摒棄對出版人利益的考慮。

出版業從早期單純的印刷、製版,到現代的電影、電視、唱片、錄音、錄影帶的製作、發行、電腦軟體的設計、市場行銷以至所有新傳播媒體的開發,幾乎全部包含在內。創作人的創作有賴出版人的傳播,才能具體化它的經濟價值,也完成文化創新、傳散的一連串體系。所以,創作和出版彼此之間,實存有唇齒相依,互榮互利的密切關係。

尤其是現代的經濟市場,即使是文化產品,也仰賴大規模的製作、企業的經營、市場的開發,和廣告的行銷,才能使作品廣為大眾所接受。而這些企業行為都不是創作人所能獨力擔當的,必須委託給有組織的出版企業來處理。另一方面,出版業既投以資金、人力和精神,若不能得到相當的報酬,則必然減消其投資的意願,文化市場也因之萎縮。這樣的結果,非但受害者是創作者、出版業,對社會文化品質的提升,也是莫大的戕傷。

基於上述三方面利益的均衡考慮,我們可以為著作權法的基本內涵做出下列的定義:**著作權法的目的是藉著保障創作人的人格和財產利益,激勵創作動機,使能產生量多質好的作品,用以提升整體的文化素質。其方法,乃授予創作人在一定的期限內,就其作品有排他的壟斷權**,他人非經其同意,不得擅自將其作品竄改、出版、翻印、重製、表演、廣播 。

然而,著作權法既以促進整體文化為至終目標,當公益與私利兩難兼顧時,自惟有捨私利而就公益。也因此,有所謂「公平合理」原則,以及著作權的限制。凡對文化產品的應用,是為了教育、研究、宗教、慈善等公益目的時,著作權便不再是漫無節制的權利,而須有所讓步了。這也就是我國七十四年七月十日經總統公布實施中的新修訂著作權法第一條所明示的:「為保障著作人著作權益,調和社會公共利益,促進國家文化發展,特制定本法」的基本精神。

我國著作權法發展的歷史

盜版翻印的問題既是印刷術發明後的副產品,溯諸歷史,製版卻是中國人最早在西元八六八年就使用的方法。宋人畢昇在西元一○四一年更發明了活字版,使印刷技術往前推進了一大步,而在一四四○年由德人 Johannas Guterburg 傳入歐洲,才揭開歐洲文明的新頁。所以早自宋代,中國即有在書的扉頁上禁止翻版的記載。從斷簡殘篇中也可窺見官方處罰盜印的文件。只是,我國一直到清代末年,都不曾建立過著作權法制。

中國有史以來第一部著作權法規,建立於清末,西元一九一○年。當時由於清廷門戶初開,西洋的器物以及典章制度,一併湧入中國。清廷一則為應變救急,學習西方法制。一則也因外國的壓力,而有制定著作權法之草議。

一九一○年法案,以註冊及繳交兩冊著作為取得權利的條件,保留翻譯權,外國人的權利義務則以條約各別訂定。此項法案因國民革命成功,民國成立,而告自然終止。繼之,則為

IV 立法訂制——著作權「法」的世界

民國三年北京政府，以前項法案為藍本訂立的草案，也因時局的動盪不安而不曾付諸實施。民國四年，參政院代行立法院於第二期常會議定著作權法的幾項原則，奠定了爾後著作權法的基本架構。

真正施行的第一個著作權法還是民國十七年五月七日公布的法律。爾後，分別在民國三十三年、三十八年和五十三年修正局部條文。直到民國七十四年七月十日由立法院修正通過，總統公布施行新法，方有最大幅度的變革。

民國十七年的著作權法以十九世紀日本版權條例為藍本，粗疏簡陋老舊，卻沿用了幾近六十年。而這六十年，卻又是無論政治、經濟、社會以及科技、思想變遷都最劇烈的時代，其難以鼓勵創作，規範文化產品的市場是可想而知的了。

其實，台灣近些年來，即以盜印仿冒之風猖獗，除了法制不備外，另有其傳統的文化背景：

第一，古代中國教育不普及，極少數接受了教育的知識分子，讀聖賢書，所為何用？將其知識回饋社會，報效國家，已成其理所當然的社會責任。

第二，接受教育的目的在開科取士、求取功名。知識既不能專業化，便不能倚之維生，創作便也不具經濟價值。因此談不上「財產權」的觀念。

第三，孟子見梁惠王曰：「王何必曰利，亦有仁義而已矣！」儒家思想教導士大夫為維持人格的清高，須恥於言利。迄今知識分子仍深受影響，受人侵害只有隱忍了事，既不願興訟，更不便請求賠償，因而姑息養奸，助長了惡勢力。

第四，傳統中國不重法治，以禮教為治國之本。人與人間講求的是義務關係，缺乏尊重他人權利的觀念，以致邁入工商社會所需的法治秩序，始終不能建立。

第五，民國成立以來，政府歷經北伐、抗戰、內亂，直到播遷台灣，其間動盪不安，民生凋蔽的局勢，使得建設台灣之初，也以政治安定、經濟發展為首務，實無餘力從事文化建設。

第六，為建設現代化的國家，引進西方先進的技術和知識為必然的道路。開發中國家經濟上沒有能力負擔巨額的權利金，又不能阻抑國內的發展，只有罔顧國際法則，置著作權法制於不顧，以方便技術和知識的輸入。

第七，由於科技的進步，使得盜印仿冒較過去為快速便捷。仿盜既有厚利可圖，查緝又甚不便，即使為檢警所獲，處罰又不嚴重，當然引得不肖之徒趨之若鶩，以身試法，而使仿盜之風更形猖獗。

由於上述種種原因，我國仿盜的惡習成為國際上的眾矢之的。六〇年代，首度引起美國的外交干涉，當時政府以行政命令，透過海關、郵政，限制翻印書籍的出口，才稍有弭止。八〇年代，再次掀起國際風波，因而也促使了政府和民間一致的反仿冒活動。

我國的仿盜所以會招致公憤，又最予人口實，難為人見諒的是，就著作權的侵害，大都並非為了國家開發、教育和研究等需求的正當目的。而純粹是商人為了爭取暴利，以仿盜品回銷真品市場，嚴重的破壞了商業倫理。其次，我國經濟成長迅速，國民所得每年躍升，迄今已達美金三千元，已屬富裕地區。實難再以開發需要，經濟窘迫為藉口，規避著作權的國際法則。

Ⅳ 立法訂製——著作權「法」的世界

其實，破壞國家形象、破壞商業倫理，都是較短暫而表象的傷害。**不注重著作權的保護，最嚴重的後果，是傷了民族文化創新的生機。**清末嚴復就曾在《嚴幾道文鈔》裏警告國人，如不重版權，學者不願多寫書，文化馬上落後。台灣這三十年來的經驗，竟不幸為之言中。

全力發展經濟，只重物質生活的提升，忽略精神層面的重要性，以致使外來文化以廉價的優勢充斥坊間，將傳統文化壓抑得幾乎窒息。幸而，到七〇年代，本土文化意識隨世界潮流而復甦，大家都回頭珍視自己的文化遺產，極欲顯現傳統文化的獨立特性，這實在是不可錯失，應急切把握的一次創新文化生命的契機。趁著這股熱潮，可以扭轉國人依賴心理，擺脫邊陲文化的困境。而藉著作權法制來保障、鼓勵創新便是刻不容緩的急務了。

現行著作權法的規範內容

政府有鑒於經濟發展達到一定程度，必然要有相當的精神文明與之配合，才能建設成現代化國家。也深知文化建設首應建全相關的法制，其中又以著作權法最為基本。而著作權法於民國十七年訂定，早已因國內教育、經濟的快速成長、科技日新月異、著作種類及其利用技術隨之增加，而不敷時代及社會之需求。因此，自民國六十三年起即醞釀修正，後幾經研議、草擬，終於在民國七十四年七月，經立法院將全文修正五十二條後三讀通過，同月十日，由總統下令公布實施，是為我國現行的新著作權法。

著作權法較舊法有了最大幅度的修正,其要點如下:

1. 增列立法意旨。規定本法之制定,係為保障著作權人權益,調和社會公共利益,促進國家文化發展。此項開宗明義的立法要旨,是為法有疏漏,或公益私利難以抉擇時,給予司法機關的最高指導原則。

2. 擴充著作權範圍。由於科技的發達,傳播媒體也不斷地更新,使著作的表達方式繁多。舊法僅簡陋的以文字著譯、美術製作、樂譜、劇本、發音片、照片及電影片為著作權的保護標的,當然難以涵括新興媒體所產生的文化作品。故新法將此範圍做大幅度的擴張,規定「著作」包括:(1)文字著述,(2)語言著述,(3)文字著作之翻譯,(4)語言著述之翻譯,(5)編輯著作,(6)美術著作,(7)圖形著作,(8)音樂著作,(9)電影著作,(10)錄音著作,(11)錄影著作,(12)攝影著作,(13)演講、演奏、演藝、舞蹈著作,(14)電腦程式著作,(15)地圖著作,(16)科技或工程設計圖形。此外,為免立法、修法速度趕不上科技發展,採列舉的項目,終難免掛萬漏一,不能因應未來發展的需要。乃於第十七款規定「其他著作」,以做更具彈性的容納。

除著作物的範圍大幅擴充,並採概括立法方式來應變未來的發展外,就著作權利的內涵也有所增加。舊法的著作財產權僅限於重製、公開演奏及上演權,新法則增列公開口述、公開播送、公開上映、公開展示、編輯、翻譯、出租及改作權,以順應著作利用方式之日益增多。同時,新法雖未明示鄰接權的定義,但對演講、演奏、演藝或舞蹈,非經著作權人或著作有關之權利人同意,他人不得筆錄、錄音、錄影或攝影。已將著作權的保護,延伸至鄰接權的領域。

IV 立法訂制──著作權「法」的世界

3. 採行著作權註冊任意制。舊法最受各界詬病的即在於採註冊審查制度。任何著作須經行政機關審查其內容是否妥當，再行頒予著作權。將著作權視為政府頒授的壟斷特權，是十七世紀以前陳舊的思想，違逆著作人格權與財產權和其他各種人格權與財產權相同，都是與生俱有的法理。更況，一一審查車載斗量的各種各類著作，不唯實際上不可能，也將產生許多不公平不合理的現象。故數十年來，真正通過審查，獲得保障的著作不多。著作權法如同虛設，不能達到保障、鼓勵創作，促進文化發展的目的。新法順應輿情，衡度情理，廢除審查制度，改採創作完成即取得著作權的制度，可謂是最具價值的一項變革。

新法既採註冊任意制，著作人於著作完成時立即享有著作權，受著作權法的保護。申請著作權註冊與否，任著作權人意思決定。惟著作權之轉讓、繼承、或設定質權，非經註冊，不得對抗第三人。唯有經著作權註冊之著作物，才得向省（市）縣（市）政府或司法警察官、司法警察，對他人之侵害，提出告訴、告發，而扣押該侵害物，並依法由該等機關移送法辦。也唯有以發售為目的，輸入或輸出侵害他人業經著作權註冊之著作，應予禁止，必要時得沒入其侵害物。更重要的註冊效力，當在以公權力來證明權利的存在，在司法程序中自然能減輕舉證責任的負荷。

4. 規定外國人著作權須經註冊，始予保護。文化交流本沒有國際疆界，尤其科技的發展導致傳播迅速，促使不同的文化，更容易融合交流。著作權法制自二十世紀以來便採國際化的趨

勢，不僅在內容上儘量求取一致，對外國人的保護也多採平等條款，國民待遇原則。舊法將對外國人的保護，僅規定於施行細則中，殊屬不當。新法將外國人保護納入母法之中，唯外國人著作不似本國作品採創作主義，而以註冊為取得權利之要件。至於取得註冊資格之著作，則以 (1) 於中華民國境內首次發行者，或 (2) 依條約或其本國法令、慣例，中華民國人之著作得在該國享受同等權利者為限。而且，原創性音樂、科技或工程設計圖形或美術著作專集以外之翻譯，並不能請求註冊。換句話說，除上述作品以外的翻譯權，仍為我國人所保留。

5. 增列未經認許成立之外國法人經依法註冊之著作權，受到侵害時，得為告訴或提起自訴之規定。未經認許成立之外國法人，其著作權雖經依法註冊，但以司法院民國二十年院字第五三三號解釋：「未經依法註冊之外國公司，既未取得法人資格，其以公司名義委任代理人提起自訴者，應不受理。」因此，當其著作權受到侵害時，能否具有告訴或自訴能力，近年來一直為各級法院爭執不已。歷年來申請註冊之外國法人，依法辦理註冊者，十分稀少。經政府准許之權利，竟不能享受法律保障，以致對外國人作品的保護流於空談，招致國際上的不滿。不但有損國家威信，也有違著作權保護平等互惠的原則，影響科技新知的引進，是以新法增列此項規定。

6. 適度延長著作權之期間。著作權因關係公益，以致不能如其他財產權得永恆享有，無限制的繼承下去。一般而言，為了確保著作權人的權益，使其無後顧之憂的安心創作，著作權限大都以著作人終身，並及於死後一定年限，而使其利益能澤

及繼承人。由於期間之長短,攸關著作人私利與社會公益之調和,大多數國家都以死後五十年為限,並有延長之趨勢,且各權利期間亦較一致。新法為配合此種發展,乃修正規定文字或語言著作之編輯、翻譯、電影、錄影、攝影、電腦程式著作之著作權期間為三十年,以代替原有之三十年、二十年、十年的不等規定。至於一般著作權則仍為著作人終身享有,並可由繼承人繼承三十年。

7. 增訂音樂著作之強制使用。強制使用是著作權法為顧及公益所特有的制度。在著作權觀念發達的國家,如美、英、德、日,都選定音樂著作為強制使用的項目,主要是因為音樂的使用率頻繁、使用量大、使用範圍廣泛,較諸其他著作與一般大眾有更密切的關係。新法增列此項規定,音樂著作,其著作權人自行或供人錄製商用視聽著作,自該視聽著作最初發行之日起滿二年者,他人得以書面載明使用方法及報酬,請求使用其音樂著作,另行錄製。著作人未予同意或協調不成立時,得申請主管機關依規定報酬裁決應給之報酬後,由請求人錄製之。

至於報酬率之訂定,及報酬爭執之裁決,攸關音樂著作權人及音樂利用人之利益,因此,應由行政機關公允裁處。至於報酬金之收取、分配,則由法律授權,由音樂著作權人和音樂利用人共同組成法人團體來行使。

8. 例示公平利用的範圍。如前所述,著作權法既以促進整體文化進步為至終目標,則就公眾有益的事項,自應排除於著作權侵害之列,而屬公平利用之範圍。依新法規定,公平利用的範圍有下列數種:(1) 節選他人著作,以編輯教科書;以節錄

方式引用他人著作,供自己著作之參證;以及為學術研究複製他人著作,專供自己使用,而都經註明原著作之出處時;(2) 又如電腦程式合法持有人,為配合其所使用機器之需要而修改程式,或因備用存檔需要而複製其程式;(3) 得為盲人需要以點字重製已發行之著作。或者經政府許可以增進盲人福利為目的之機構,為了專供盲人使用,錄音已發行之著作;(4) 政府辦理之各種考試,公立或經立案之私立學校入學考試,得重製或節錄已發行之著作,供為試題之用;(5) 供公眾使用之圖書館、博物館、歷史館、科學館、藝術館,在:①應閱覽人之要求,供個人之研究,影印已發行著作之一部分或揭載於期刊之整篇著作,但每人以一份為限;②基於保存資料之必要;③應同性質機構之要求,得就其收藏之著作重製之;但後二者僅以該著作絕版或無法購得者為限。

合乎上述條件的使用,縱使未徵得權利人的同意,亦不以侵害他人著作權論。

9. 規定侵害著作權民事賠償之最低限額,不得低於該被侵害著作實際零售價格之五百倍。民事訴訟最基本的法理乃在請求者需負舉證的責任,法諺:「舉證之所在,敗訴之所在」。可見舉證實在是訴訟成敗的關鍵。

侵害著作權的案件,原告固然可以請求積極利益和消極利益的損失,惟被告究竟因侵害著作權而獲多少實利,以及原告原先應有多大的市場,都是極難確實估計,掌握證據的。訴訟結果若不能獲得實益,必使原告消減以司法維護權利的信心和動機,因此助長了侵害著作權的惡風,終使法制的意義完全落

空。為救濟實務上的困難，新法亦仿外國法制，訂定損害賠償的最低限額，不待原告舉證，即可最低獲得實際零售價格五百倍之賠償。若能舉證損害超出五百倍，自以實際損害為準，至於無零售價格者，則由法院依侵害情節酌情推定其賠償額。

10. 適度提高侵害著作權之處罰。一般輿論及業者咸認舊法對侵害著作權之處罰過於輕微，並有易科罰金之適用，實難收阻嚇之效。在暴利引誘之下，不肖者仍願以身試法，致仿盜之風日益猖獗。新法順應輿情，無論就刑期及罰金上都有提高。舊規定一年以下刑期者，提高為「三年以下」；二年以下提高為「六月以上三年以下」；原規定三年以下者，提高為「六月以上五年以下」；原規定專科罰金者，現修正為處「一年以下六月以上徒刑」，並得「併科罰金」。此外，罰金部分亦提高為五至十六倍，最高可達罰金五萬元。

未來努力的方向

文化是民族生活形態經年累積而成的，以悠久古老見長。但文化的生命更須要源源不斷的創新，來豐富它的內涵，否則便要老化衰滅。「法」對創新的過程固然無能為力，也不應置喙。但「法」**卻能保障創新的成果，而激勵創作的動機，建立理想的創作環境**，文化生機因此而能綿延不絕，與時俱進。著作權法所擔負的便是此種任務。

我們老舊的著作權法，雖然在民國七十四年七月有了最大幅度的更新。但是法律條文有限，法律制定過程繁冗，以致其修訂困難，趕不上社會的變遷和科技的發達。更何況，法是

「人」制定的,在多方的要求下,已是一項「妥協」的產品。此外,條文章節編排仍嫌支零破碎,出租權的規定太過倉促,合理使用的範圍過於狹隘等等,都有待做進一步的修正。

然而,再完美的法律若不認真執行,也是徒託空言。尤其,法既已標明其立法宗旨,無論司法、行政,對法的適用便有了遵循原則。只要把握住「法」的真義,便能化腐朽為神奇,充分發揮它應有的功能。而這種境界,乃有待各界的共同努力。

出版事業始終是文化發展的中流砥柱。無論科技如何發達,時代怎樣進步,出版業的榮枯都關係著文化發展的興衰。而出版業和創作者之間更是休戚與共,合則互利,分則兩敗,兩者應有共識,同為建立文化市場的秩序而應做下列的努力:(1) 遵守法律規定,尊重他人權利,以身作則,絕對不做侵害他人權利的情事;(2) 保護自己的權益,勇於以司法方式解決爭端,樹立司法的威信,給予不肖者法律的制裁。長期以往,自然能遏阻仿盜風氣;(3) 運用自己的力量,協助政府推廣尊重著作權的觀念。當法治精神內化為國民道德之一部分時,一個安和樂利的現代社會才可預期。屆時,各人取其所當取,仿盜成為人人所不齒和摒棄的行為。創新行為獲得保障和鼓勵,文化的發展必然豐富而燦爛;(4) 不斷鼓勵研究著作權法,推動法律的更新,使法律也能與時俱新,才能充分發揮其規範的功能。

七十五年新聞局出版年鑑

Ⅳ 立法訂制──著作權「法」的世界

▌著作權保障的迢迢長路

著作權法經過多年的呼籲,終於在立法院完成了修訂程序,只待諮請總統公布便可指日施行了,這不只是國內文化界共所矚目的大事,同時也將成為國際著作權界爭相討論的焦點。

大體而言,這次新修訂的著作權法,的確有大幅度的進步。而其中最大的成就,莫過於創作主義的採行。

現行法的審查制度,是我國對智慧財產權保護的最大的窒礙。改採創作主義之後,不但使著作權回復無體財產權之本質,無待審查,立即因創作完成而當然取得。同時杜絕了國外以我國藉著作權的審查來箝制創作自由的悠悠之口。從此,廢除掉行政上不合理又繁瑣的手續,解脫了桎梏,只要有創作即能獲得法律保障,進而締造鼓勵創作的環境,如此才真正開啟了國家文化發展的新紀元。

另外幾項修正,也具有莫大的意義,諸如:
──擴大著作權的保護範圍和權利內容,並且採用「其他著作」的概括規定,以便因應未來的科技發展;
──加重侵害者的民刑事制裁,沒收犯罪的器具,以收嚇阻的功效;
──規定音樂著作權的強制授權,給予成立音樂著作權團體法律基礎,以落實音樂著作權的保護;
──承認未經認許外國法人的刑事訴訟能力。又把對外國人的保護自施行細則移到法律之中,以予外國著作較公平的待遇,好促進文化交流等等 。

這些都是趕得上國際潮流並且也是該有的改進。

不過令人可惜的是，此項法案的修正過程，始終過於輕率，不夠嚴謹。

起草之初未能廣諮博議

在內政部起草這項法案之初，即不曾廣諮博議，聽取各方意見。到了立法院一讀時，還只淪為爭議著作權法之基本精神、是否採創作主義之上，全然無暇關照其他條文的配合。二讀時又匆匆加入利益團體的片面意見，透過協調，倉卒決案。以致使整部法案的精神難以貫通，而有凌亂補綴的缺點。更由於未對某些規定的後果，做周延考慮，而使剛出爐的新法立即就有許多窒礙難行之處，有待立法或司法的補充：

1. 著作權法的精神未曾把握

著作權之所以要以專法來加強保障的原因，除了**給予創作人合理的報酬，以建立公平的經濟市場外**。**最重要的還是在激勵創作，提供大眾利用，進而提升整體文化**。尤其，現今促進文化發展已是最急迫的工作，當公益與私利有衝突之際，毋寧取公益而捨私利，這也是著作權法第一條開宗明義所闡釋的立法宗旨。

然而，以新法言，則顯然偏離了此項原則。

第一，新法就思想、概念、自然法則等應鼓勵大眾靈活應用的原理，完全欠缺消極排除保護的規定。

第二,應為著作權限制而供大眾公平利用的範圍遠嫌不足。以致在歐、美、日都視之為當然的私人利用,因慈善、教育、宗教、司法等目的的使用、播送,以及評論、政治演說、藝術收購品的展示等等,在我國都有了疑慮,即使司法當局往後以第一條的基本精神來做擴張解釋,以彌補立法之不足,終是本末倒置,平添多少紛爭。如因此阻礙了文化進步,將是此次修正最大的失誤。

2. 規定固屬前進,欠缺周密思慮

出租權及電腦軟體的相關規定,都是在立法院二讀時經利益團體力爭,協調後的結果。此等可睥睨其他先進國家的前衛規定,固然令人可喜,但以後能否順利執行,因欠缺周密考慮,必使法的威信大打折扣而成為空文。如對於林立街頭的租書店,如何去調適根深蒂固的觀念,如何去一一徵求作者的同意,如何繳納出租的權利金等等 ,都不同於錄影帶出租問題的單純。又如電腦軟體保護年限經協調為三十年,是否太長?對我國資訊工業的發展有否影響?在在豈是協調所能解決?真理和是非,乃至科技問題,又豈是協調所能定義得了的?如此立法的惡果,徒傷立法的尊嚴而已。

3. 難脫閉瑣保守的心態

在西洋文明強勢壓力之下,保護本土文明的抬頭,也是著作權法的初衷。但為了適度引進科技文明、產業技術以及保持國際間的平等交往,國民待遇的互惠原則,早已是國際間的通例。在這兩項要求衝突之下,新法要求外國著作物須在國內首

度發行,或在互惠原則之下,才給予著作權法的保護,是尚稱合理的規定。但另行要求外國人必須註冊,而又不知註冊的內容為何,這種歧別待遇,則不啻畫蛇添足,徒增雙方困擾,容易引起國外非議。

其實,我們應透過外匯管制,使權利金不輕易外流。國內使用人應要求合理的條件,以合作的方式,來共同抵制外來文化的氾濫和剝削,從而提高民族文化意識。單純的以行政手續來刁難,是給自己增添麻煩的下下之策。

4. 登記效力有待強化

面對觀念遽變的此刻,改採創作主義之初,登記制度的確能使權利明確,有助司法的釐清。所以對於有關的規定,如登記只為轉讓、繼承和設質的對抗要件,以及僅具請求省縣政府及司法警察扣押侵害物的效力,作法還嫌不足。不若明文規定,註冊有推定著作權存在的效力,轉換舉證責任的負擔給被告,當可減輕不少司法的負荷。

5. 對音樂著作權團體之規定不當

由於音樂著作被利用的機會相當廣泛又頻繁,唯有透過團體組織,代理著作權人向使用人收取並分配權利金,並代理侵害訴訟。如此,音樂著作權的保障才可能實現。從十九世紀中葉,法國首先成立此類團體以後,至今,各文明國家沒有不成立音樂著作人權團體,以精密的作業方式來保障音樂著作權。同時,由其協助推展文化活動。

我國自來空有著作權法,從無此類團體實際運作,因此對音樂著作的保護,一直淪為空談。而今,幸而新法有了成立團體的規定,但卻將使用人也容納一處,完全扭曲了音樂著作權團體的功能和作用,如不從速修改,這樣一筆糊塗帳,還不知將伊於胡底?遑論音樂著作權的保護。爾後的爭執,將可預見。

6. 有關「鄰接權」的規定不夠周全

新法就保護標的而言,有極大幅度的擴充。然而,對從事演藝工作者、演奏者、錄音物製作人及廣電機構等第二次創作,也就是所謂的「鄰接權」,卻僅於第十八條作輕描淡寫的規定,此點令人不無遺憾。事實上,在演藝活動日趨活躍的今日,其對文化發展的貢獻,豈可輕視。為了因應當前的需要,實有列專章詳為規定「鄰接權」的必要。

7. 司法與行政應調整步伐

其實,除了法案本身尚有瑕疵,有待立法或司法加以彌補外。面臨一個嶄新的局面,在司法、行政與民間更應調整步伐,做全面的配合。

以往採審查制度時,著作權能否取得,須先經過行政機關的審核。由於手續的繁瑣費時,每年取得著作權的創作不過千餘件,而且形態單純,多屬書籍、唱片之類。權利確定後,遇有侵害,司法機關只負責侵害成立與否的判決。今後則不然,一來改採創作主義,二來保護標的大幅度擴張,可以預見的,著作權案件必將潮湧而來。從權利的確定、公平利用範圍的解釋、侵害是否構成、以至賠償的估算,都是司法機關沉重的責任。

「行政的歸行政，司法的還給司法」是法治國家的基本精神。但願司法當局能責無旁貸的承起重擔，建立判例，來彌補立法的不足。

面對此項挑戰，司法單位應積極培育專業人才，設立專業法庭。而為了因應科技發展求新求變的衝激，再專業的法官亦難追及科技的腳步。因此，應該建立「專家評鑑制度」，訂定證據法，課專業團體或個人公正評鑑的義務。而法院就其評鑑報告給予絕對的尊重，如此才能輔佐司法的功能，使科技與法律毫無扞格。

著作權所保障的創作，既是帶有經濟價值的文化產物，為求文化政策的一致和整體發展，著作權的主管機關尤其應分別其職權和功能而重新釐訂。譬如著作權的登記由中央圖書館擔當，可同時收充實資料之功，而使登記具有推定權利存在之效力，當可分擔司法的負荷。

使用費率的訂定及訴訟前簡易爭端的調解等問題，則有設立仲裁委員會的必要。這個委員會宜由司法人員、專業人員及創作人和使用人共同組成，使其具準司法機構的性質，如其裁決具有司法上的既判力，便可疏解司法的訟累，促進雙方的和諧。至於民間團體的管理、著作權法的研究、觀念的推廣等等，因屬文化事業，實以交付給教育機構處理為宜。

8.成立專司執行取締機構

其實，最重要的還是成立專司執行取締的機構。「徒法不足以自行」，再好的良法美意，不能具體執行，便是徒託空言。

Ⅳ 立法訂制——著作權「法」的世界

目前最急迫的問題便是警察機構業務繁重,缺乏專業人才,主管機關如不能配合取締,掌握證據,則受害人也只有徒呼負負,無可奈何。如能仿效香港及其他國家,設立專司執行的專業機構,則著作權保障及其他仿冒問題的消弭,就都能指日而待。

大凡文化事業的發展,需要全民參與與配合,著作權觀念的建立尤屬如此。不但需要創作人本人權利意識的覺醒,樹立起著作權應被尊重的觀念。使用人更應培養法治精神,建立尊重他人權利的觀念。不要因貪圖便宜,助紂為虐,反倒將文化發展的生機和國家的形象賠了進去。而政府官員尤其應該傾全力來推動正確觀念,如此不僅能使著作權獲保障,連全民守法的精神也因此而能建立。

此外,動機純正、組織健全的民間組織正可在政府與人民之間扮演中介的角色,分擔政府的責任。只是,對於民間團體的監督和輔導,卻是不得掉以輕心的工作,以免造成了反效果。

總之,法只是抽象的規範,法的能被貫徹,還仰賴全民的守法誠意。著作權法之修訂只是文化創新的一個起點,在觀念上有重大遽變的此刻,必須以耐性度過初期的混沌,才能期待它發揮正面的功能。文化發展本非一朝一夕所可蹴成,任重道遠,還有待大家共同努力。

七十四年七月十二日中國時報

迎接文化開啟的新紀元

　　當前社會上種種失序現象,諸如政治體制的迷亂,是非價值的混淆,人心的奢糜虛浮等等,歸根究底的探討其原因,幾可一言以蔽之,乃文化的失落也。

　　尤其是舊體制解體,新秩序又未能給予信心,在此轉捩點上,人人唯有以追尋自利為最實際的目標。更以長期的專制壓抑,早已斲喪了社會的創新能力,以致徒有富裕虛名,生活素質卻日降,而有貪婪之島之毀譽。在這樣惡劣的生活條件之下,縱使物質豐厚,卻缺乏意義。

　　文化的墮敗、創造力的薄弱,源於政府對文化開發的漠視,對研究開發始終缺乏制度性保障。**著作權法堪稱是「文化憲法」**,但其落後的程度與西方文明國家足有百餘年之遙。不但未能盡保障鼓勵之責,還任憑文化交易市場的秩序無從建立。迄今雖已漸脫文化沙漠、海盜王國之臭名,但就文化內涵而言,實仍屬待開發之林。

　　智慧財產權法制之不備,民間觀念之欠缺,固然有傳統上的包袱。但政府政策重經濟、輕文化,法治精神未能落實,實難辭其咎。直到近十年來,因中美貿易順差過大,引起美方嚴重關切之後,才慢慢使智慧產權的問題成了各方矚目的焦點。

　　在兵臨城下之後,倉皇應戰,棄甲曳兵的窘態,令人難堪。又以談判籌碼不足,議事技巧不足,各機關本位心態作祟,以致一路失守。為應付三○一條款的壓力,倉促通過著作權法,對國家尊嚴和自主性已造成莫大的傷害。

Ⅳ 立法訂制——著作權「法」的世界

然而,話說回來,如果不是美國的壓力,我們的著作權法要做全盤翻新,那還不知要等待至何年何月。民國七十四年雖曾有過中度規模的修改,但基本架構未變,發揮功能有限。日前通過的這部法案,則有大幅更動。無奈,從七十九年送進立法院後,即被延宕至今,只有在三〇一火燒眉頭時,才匆匆通過應急而已。雖然,立委欠缺專業素養,議事過於草率,而致法條頗多缺失。但大體而言,還是使著作權之觀念與制度,都向前邁進了一大步。

雖然是在美國的壓力下,勉力正視智慧財產權的重要性,於國家尊嚴上頗為難堪。但平心而論,以台灣今日的發展,重視智慧財產權已是必然的趨勢。因為,台灣經濟發展本建基在加工及初級工業上,當面臨知識經濟的強大競爭,國內環保、勞工人權的興起,又不復能繼續犧牲這些權利,以之為優勢條件,則除了邁向精緻產業之路,別無生存之道。而這幾十年來產業升級之瓶頸,始終卡在研發不力之上,再不提倡智產權觀念,台灣的經濟奇蹟必將成為史話。

更況,面對外來強勁的壓力,所有侵害智產權的產品,立即面臨禁銷、涉訟、賠償的危機。無論商譽和經濟利益的損傷,都將難以估算。

國家尊嚴受損固然令人不快,但若能藉此化危機為轉機,以之為激勵力量,改善國內產業結構,提升全民文化素質,又焉知不是塞翁失馬,還有後福。

只不過,著作權是科技與文化結合的法規,不但與時俱新,複雜多變,其法理也介於公私法之間,傳統規範對之亦時有而

窮，必須依賴執法者在兼顧創作人權利保障，與大眾使用便利之考量下，將許多曖昧不確定的概念，如「合理」、「公平」等，透過判例予以明確化，避免掉入「徒法不足以自行」的窠臼。

而最重要的，還是全民尊重智產權觀念的教化與普及。任何**法規範都只有在人民心悅誠服的遵守，並內化為道德規範時，始有被實踐的可能**。那麼，這次著作權法的修正，正標舉著一個文化開啟新紀元的來臨。

八十一年五月三十一日

V

春華秋實——
著作權的豐富內涵

停止盜印,掌握文化升級契機

政府在二月間宣告,美國著作在中華民國境內,今後可依中美友好通商條約的規定,享受國民待遇。也就是說,美國著作創作完成,不經登記即可在我國取得著作權的保護。此事一經公布,不但引起西書業者的震驚,在大學校園裏也造成不小的波動。

我們自從清末推動西化,發展科技以來,很多事都仰賴西方的供輸,連思想方式也以西方馬首是瞻。一旦要割斷臍帶,拿掉奶瓶,自然難怪有如此激烈的反應。但是,平心靜氣的思考,如今,正是我們排除依賴心理,謀求本土文化發展的最好時刻,過渡期間的艱苦,實在該拿出壯士斷腕的精神來面對它。

擺脫倚賴心理公平競爭

盜印本就是不體面、不道德的事。貧窮國家為了開發需要,顧不得國際規則,在法律上縱容翻印外文書籍,以規避龐大的權利金。台灣早期的發展亦復如是。只是我們的翻印,不只提供教學、研究的需求,還利用本地廉價的勞力、精美的技術,大量印製後,傾銷其他地區牟利。甚至回銷真本市場,破壞了當地的市場秩序。這才引起國際公憤,揹上盜印王國的惡名。

然而,如今我們即使尚未躋身已開發國家之林,至少也不能自貶為貧窮國家,繼續偷盜行為。政府刻意刷新國家形象,除了承受不小的外交壓力外,也並非不做各種層次的考慮,其苦心是應予體諒而全力支持的。

給予條約國家互惠的國民待遇，是國際上最基本的法則。而在國際舞台上要獲得尊重，首先需要自重，遵守國際規則是最起碼的義務。何況，以今日台灣的富裕，已難再有逃避支付權利金的藉口。其實這些都還是小事，最重要的，尊重外國人的著作權利，還是基於國家長程文化學術發展的考慮。

　　長期以來由於對西方的仰賴，不但使我們固有的本土文化凋零，喪失了獨立自主的性格，創新能力也隨之萎縮，缺乏生機，處處顯現出邊陲文化的特質。難謂不是我們傳統文化的一次危機，而令人憂心忡忡，急思突破。

　　停止盜印以後，西書的價格勢必上漲，如果不願負擔較高昂的權利金，只有全力自行編寫教科書，相信我們絕對有此潛能。其次，在翻譯權尚未輕言放棄的情況下，應該大量的利用翻譯，系統的迻譯國外新知，引入國內，不但促使科技中文化。也可透過文字的轉換，使西方先進知識融入本土文化，而使科技生根的目標早日達成。關於此點，日本早期的經驗，足可為我們的借鏡。

　　給予外國著作權利保護，事實上，是讓本國著作居於更公平、有利的競爭地位。**激勵國人創新的能力，是促使文化升級，擺脫依賴的不二法門**，而停止盜印西書是文化成長必然的過程。縱使帶來陣痛，那也是可以預期，只是時間遲早的事罷了。而今，面臨這樣的轉換，各方都需調整心態和步伐，突破這道難關，才能走出活路，使文化茁壯，有豐碩的發展。

培養尊重知識正確態度

首先,需要改變心態的是校園裏的學生和教授。此地大多數的學生都喜歡用半吊子英文,挾洋書以自重。洋書不可倚賴之後,就必須改變死啃教科書的被動、狹隘,以應付考試為目的的讀書方式,替代以積極主動的學習態度。不但課堂上得用心參與,更要多利用圖書館的收藏,涉獵廣泛的參考書籍來達到受教育的目的。

當然,學生開支預算得重新編列。此後,奢侈浪費的活動得大量縮減,而以書籍支出為主要項目。這對學生家長而言,固然是增添了負擔,但至少可以教導學生,知識並非不付代價即可取得的,由此而培養尊重知識的態度,未嘗不是收之桑榆的效果。何況,在國民消費形態中,文化支出一直偏低甚多,如今正是調整家庭收支,變化生活氣質的時候了!

至於教授,自己是知識分子,應更能體會知識受蔑視、創作被侵害的痛苦。豈能為一己方便,罔顧道德、法律的規範,視偷盜他人的著作為當然?如說教授無財力購買參考書籍,政府便當自省;教授待遇低微得只夠養家餬口,連教書的工具都只能以盜印本來應付,豈是一個重視知識的社會所當有的現象?**知識是否受到尊重,是社會是否具有創新動力的指標,創新力又關係著社會的生命力**。中共文革摧殘知識破壞文化的慘劇,記憶猶新,每一個富足社會都該深自警惕才是!

教授既是擔負承先啟後重任的知識分子,照本宣科的日子已成過去。此刻只有加強敬業精神,將先進知識咀嚼消化過後,

再轉化成本土文化傳授給學生。從而編寫教科書，從事譯介工作，也都是教授們為了莘莘學子，責無旁貸的職責。

政府扮演交涉輔導角色

為了國家文化長程的發展，政府有多項工作急待積極進行：

第一，予美國國民待遇既是條約協商的結果，自可再經談判，求得較環球著作權公約，一九七一年巴黎條款對開發中國家更優惠的有關重製權利的強制授權。以防美國出版商因政治或經濟因素，拒絕授權，以致抑阻了國內吸收新知的管道。此項談判，有關價格和可強制授權的經過期間（國際規定，須待一定期間後，國內尚無重製品，始可請求強制授權），都是爭取的要點。

第二，從速建立資訊中心，辦理強制授權的行政業務。也提供給業者購買權利的一切訊息。此項工作，爾後或許可交付給組織健全團體辦理，惟現在仍以借重具公信力的政府機關辦理為宜。

第三，提升翻譯作品的地位，鼓勵學者從事翻譯工作。所有教育文化單位應統籌事權，協調審定翻譯工作的進行。以免造成一窩蜂的搶譯、亂譯，使學子無所適從。同時統一譯定專用詞語，以免混淆。如實際上尋求適當的譯詞的確困難，不妨先以音譯認定，久而久之，自然能表現出其特殊的內涵意義。

第四，寬列文教經費，充實圖書館藏書設備，鼓勵學生充分利用。但千萬不能鼓勵以影印取代翻印，因為影印亦屬侵害重製權之方法，只以現階段還難建立最恰當立法規範而已。在

影印機上收取權利金已是國外嚐試的辦法,而圖書館影印張數的限制,更是各國立法一致的趨勢。濫用影印,將使我們尊重法律,消滅盜印的心意,功虧一簣,不久又將招致國外的抗議。此外,廣設獎學金,補貼真正貧苦而好學的青年;對書籍減免稅賦,重新檢討文化事業的稅率,都是不可忽略,值得考慮的方案。

出版業者應當配合政策

新辦法的施行,首當其衝蒙受經濟上損害的自是西書業者。為了營利目的所做的翻印生意,本是國際上一致譴責的行為。此時當無任何理由請求政府繼續庇護。更以這麼多年來的盈餘,既取之於社會,也該是支持政府政策,為文化發展盡心力的時刻了。如仍然違背法令,只圖私利,是難以獲得國人同情的!

爾後,西書業應循正當途徑,取得重製權後再行翻印。值得注意的是,轉讓權利契約內容須求公平合理,必須業者團結談判,以防對方哄抬價格。必要時,可請政府出面協助審議契約內容。

至於,現存的翻印存書,也許可以請求內政部與美國進行談判,尋求比較合理的解決途徑,以免損失過重。

任何新制的實施,必然會損及少數的既得權益,而遭到抗拒和阻礙。只要政策確是為了整體利益,全民福祉,而後不畏艱鉅,排除困難,堅定的執行下去,才能獲得多數人的認同和支持。最令人擔心的是政策搖擺不定,出爾反爾,給觀望者以可乘之機,予政府威信最大的打擊,以後再有任何行動,便要事倍功半了。

Ⅴ 春華秋實——著作權的豐富內涵

　　文化升級乃是長期事功,難以立竿見影,唯有依賴正確的政策導向,才能預期其成功。

七十五年四月十一日聯合報

化著作權阻力為研究助力

日前,台大商研所招生事件,牽扯出教授著作抄襲的風波,喧騰一時。

其實,不只教科書的編著是個大問題,引用他人作品製發講義、學生在課堂上錄音、學生製作共同筆記或將講義發售、老師把學生的報告據為己有、或者學生大量引用老師的著作在報告及論文中等等,都是校園中常見的著作權糾紛。以後,也可預見爭議將是不斷。

台灣現行的這部著作權法,早在民國十七年就已公布施行。並不是一般人所說的,我們無法可管。只不過,法律規定的並不完善,政府也沒認真執行過,好像沒這回事,一般人也以為我們從來沒有這種法律。民國七十四年、八十一年著作權法還曾兩度大修。這次,台大發生的以譯代著,所涉及的外國人的「翻譯權」,便是八十一年加進去的。這次修正,不但在結構上有巨大變化,幾乎全採納了國際標準,規定得相當嚴格。

基本上,利用他人的著作,都應事先取得著作權人的同意。但是,著作權法既以鼓勵大眾充分利用文化產物為最終目的,便設有一定的「合理使用」的範疇。尤其為了教學、研究的需要,可以逕行利用。

以下是與校園有關的幾項基本原則:

1. 為學術、教育、研究、報導、評論和其他公益目的,得引用他人已公開發表的著作,但絕對須為非營利的使用。

2. 學校或教師，在合理範圍內，得重製或公開播送他人已公開發表的著作，或引用於已經審定的教科書及教師手冊中。

3. 為個人非營利目的，可以利用圖書館及非供公眾使用之機器，重製已公開發表之著作。

4. 即使合理使用，一定要準確註明出處，絕不可模糊其詞，甚或據為己有。

5. 合理與否，尺度必須自行拿捏。利用人要審酌利用的量、質、性質以及是否會影響該著作的潛在市場和價值而定。只要稍有疑慮，就以先徵求同意為妥。

至於，外國人的著作要受到台灣的保護，必須(1)兩國間有互惠的協定，或事實上相互保護；或(2)作品在台灣首度發行，或至少在他處發行三十天內在台灣發行。

目前，合乎第一項規定的國家有美國、英國、香港、西班牙和韓國住在台灣的僑民。其他外國人的著作，只有在合乎第二項條件下，才在台灣享有著作權。

要注意的是，台灣正努力要加入「世界貿易組織」（World Trade Organization, WTO），如果明年美夢能夠成真，則WTO所有的會員國，彼此之間要互相保護智慧財產權。幾乎囊括了地球上所有的國家，沒有什麼例外了。

大陸地區，雖然我們的治權不能到達，但《台灣地區與大陸地區人民關係條例》認為大陸人也是國人，所以他們的著作權在台灣也受保護。

著作權也不是那麼可怕的禁忌，他最主要的作用，還在鼓勵大家多利用文化產物。利用一本書是抄襲，利用十本書、

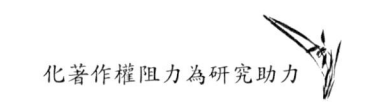

一百本書或者更多,就是創作。天下文章一大抄,還真不是戲言,其間的尺度,就看你怎麼拿捏。

為了教學需要,取得著作人同意,卻要面對許多瑣碎的手續。如果每位教師各自辦理,實在很不經濟,又容易疏漏。學校應該趕緊成立出版社,統籌為師生辦理徵求同意的事項。並且統一代理教科書的出版、發行、出售工作。不僅專業地為師生解決著作權的問題,還可為學校開拓財源。

V. 春華秋實──著作權的豐富內涵

校園著作權

　　自從商研所招生事件牽扯出抄襲風波後,台大幾十年的聲譽,彷如雪上添霜,幾乎毀於一旦。社會上的清議對台大教評會所做出不夠明快的決定,尤其是暗喻教科書非學術著作,抄襲無妨的說明,更是痛加韃伐。

　　不可否認,教科書在教學上有其必要,教科書引用既有的資料,又是避免不了的。如果動輒得咎,還要負擔法律責任,不但會使校園中人心惶惶,對教學工作當然是很大的傷害。

　　著作權到底是個什麼樣的法規?它具有什麼樣的內涵?怎麼樣才能保護自己的權利?怎麼樣才不會侵犯他人權利,吃上官司?這種種有關著作權的問題,是目前校園裡該特別注意的事。

　　著作權法的目的是在鼓勵創作,讓付出過心智勞力的創作人,能合理回收耕耘的成果,以建立公平的市場次序。更重要的是,給與創作誘因,鼓勵出更多的文化產物,供大眾利用,以此提升整體文明的進步。所以,著作權法不是只限制不當使用有權利的著作,反而是希望大眾在合理合法的範圍內,盡量多使用既有的作品,得以促使文明的進步,才是它真正的目的。端看利用人如何拿捏其間的尺寸,只要把握得當,便會受益無窮。

　　大學裡的師生,是創作的主要泉源,是知識的生產者,所以正是著作權保護的對象。在校園裡實踐、培養教導尊重智慧財產權的觀念,不但確保自身的權益,也是做為一個知識分子

應該做的事。何況一旦有所誤用,非但不能以不知法律而免罪,還負著沉重的學術倫理責任。

只是著作權法委實太過複雜,校園有關著作權的事況又千奇百樣,很難弄得清楚。也就難怪糾紛層出不窮。我從走入學術界的領域,就以著作權為研究的主題,也是第一個在大學開授著作權法課程的人。今天校園著作權的觀念是如此混淆不清,深覺應該義不容辭,針對校園的需要,作簡要的著作權須知,提供給校園師生做為參考,縱使不具規範的效力,至少能作為一個準繩,稍釋心中的疑慮。

一、甚麼是著作權?

著作權是保障著作人,或由他授權權利人(如出版商),有絕對排他權力。唯有他自己和由他授權的人可以將著作重製(包括以印刷、複製、錄音、錄影、攝影、筆錄或其他方法的重複製作)、公開口述、公開播送、公開上映、公開演出、公開展示、改作(包括編輯、翻譯)、出租的權利。

此外還有著作人格權,包括是否要公開發表、在著作上註明姓名、別名或不具名,以及保持內容完整的權利。沒有經過權利人同意做上述行為,就是侵犯著作權。

二、甚麼是著作?

凡是腦中意念透過媒介物表達於外,能為他人感受得到的表現形式,就是著作權法所要保障的對象。不管發表或出版與否,也不管是不是與別人的著作雷同,只要果真是自己(包括與他人合作)獨立創作完成的作品都是。換句話說,如果有兩

項作品一模一樣,但都能證明是自己從頭到尾獨立完成,沒有抄襲仿冒的可能性,則兩項作品各自擁有著作權。

著作權保護的是創作的形式,也就是詮釋的方法。購買的著作物有該著作物的所有權,卻並不擁有該書的著作權。從自己收購的書中,影印給學生使用,超過合理使用的範圍,仍然侵害著作權。

著作從創作完成時起,就享有著作權,不需要有任何的手續。一般會在封面頁,註明作者姓名,出版年月並加「©」記號。不過即使沒有註明,並不影響著作權的存在。到內政部去登記,取得著作權證書,只是證明作者很重視著作權,主張他有著作權。打官司時換成由對方去舉證著作權不存在。就算有著作權證書,如果是抄襲來的,著作權還是會被法院推翻。

三、誰享有著作權?

單獨完成的著作由作者(或他授權的人)獨自享有。合作作品則共同享有著作權(學生、助理在老師的指導下,幫忙研究工作,應視其工作性質及貢獻多寡來決定是否為合作人。如果老師只出點子,完全由學生單獨完成,因為觀念不受保護,著作權應該為學生所有)。

受機關(如國科會)委託的研究計畫,現都已在契約中簽訂了由機關來享有。如果沒有特別約定,一般受委託或受雇而完成的作品,著作權應屬著作人所有。

四、著作權期間有多長？

除了攝影、視聽、錄音、電腦程式及法人的著作以公開發表後，持續享有五十年外，其他著作由著作創作完成時起，著作人享有著作權直到死後五十年為止。作者死亡或書已絕版，都不表示沒有了著作權，仍要設法徵求授權。

五、甚麼著作不享有著作權，可以自由使用？

(1) 憲法、法律、命令或公文，(2) 中央或地方機關就前款法令或公文所作的翻譯物或編輯物（私人所作法令的翻譯或編輯物還是有著作權），(3) 標語及通用之符號、名詞、公式、數表、表格、簿冊或時曆，(4) 單純為傳達事實之新聞報導所作成之語文著作，以及 (5) 依法令舉行的各種考試試題。此外，著作中的觀念、構想、點子、原則、程式、方法、過程、發現或單純的事實都不受著作權法的保護，鼓勵大家盡量利用。但必須自己能判斷清楚哪些是觀念部份，哪些是著作權法所保護的闡釋表達的外觀部份。而且有的是屬專利法或商業祕密的範疇，不能大意。

六、未經授權，擅自利用有著作權的作品，會受到甚麼樣的懲罰？

依不同情況輕重有不同程度的徒刑、罰金、沒收等刑事責任，重者最高會被判七年的有期徒刑（常業犯，譬如以出售未經老師許可，在課堂上錄來的錄音帶或錄影帶為業），及

四十五萬新台幣的罰金。還有民事上的損害賠償，最多可以上億。當然，還有律師費，以及學術倫理責任。

七、怎麼去發現誰是著作權人，以取得授權？

在書的扉頁上，都會記載作者和出版者的姓名及出版時間。一般情形，應先詢問出版者權利歸誰所有。通常須付權利金。有時說明是為了教學使用，說不定也可無償取得使用。如果不能發現任何作者名稱，或沒有主張著作權的標幟，都不表示沒有或放棄著作權，不要輕易使用。如果徵詢許可未能獲得回音，並不表示對方已經默許，仍不得擅自使用。至於著作人格權，縱使著作人已死亡或法人已消滅，都還視同生存或存續，任何人不得侵害。

科技發展與法律——從電腦官司談起

　　自從今年元月台北地方法院，以台北市六家電腦公司的負責人，涉嫌販賣仿冒的蘋果二號電腦，依違反著作權法第三十三條規定，知情擅自翻印他人業經註冊之著作而代為銷售，各處有期徒刑八個月，並沒收扣案的電腦主機及電腦主機板後，這幾日，又爆發了IBM與資源公司的仿冒官司，而且更升高到了假處分的層次。使得電腦不但日漸侵入我們的日常生活，在科技發展過程中發揮重要的功能，而且也進入了司法的領域內。

　　這兩個電腦官司，所以會引起各界的重視，主要是政策上陷入了兩難的境地，萬一拿捏不準，不是姑息了仿冒，破壞了國家形象，甚而影響到往後的國際貿易；就是過度保護，扼殺了國家策略工業的生機，阻斷了國內自行開發創造的生路。政策，非我等所能置喙，在此，筆者僅在法言法，就這兩個電腦官司所引發法理上值得深思的問題，提供給法學界、實務界及立法當局參考，也算是野人獻曝的一點赤忱。

電腦官司所引起的法律爭執

　　依我國現行著作權法的規定，得向內政部申請著作權的知識產品，僅有文字著譯、美術製作、樂譜劇本及發音片、照片或電影片。電腦是五〇年代的產物，在民國十七年制定現行著作權法時，即使在西方，電腦也不過只是科技上的幻想，當然不可能規定在我國著作權法保護範圍之內。在這種法律欠缺明

文規定的情形下,法院就蘋果二號的判決,以及 IBM 公司提起訴訟的根據,僅是內政部將著作權法第一條作了過度的解釋,將電腦軟體視之為文字著譯,而授予著作權。於是,產生了下列繁雜艱深的法律疑義:

首先,著作權法所規定的保護範圍,能否作此類推解釋?內政部所持理由是,英、美等國也都是透過條文的擴張,視電腦軟體為文字作品,使電腦也能受到著作權法有限的保護。這真是極大的謬誤,兩個截然不同的法制,如何能作依樣畫葫蘆的詮釋?英、美著作權法雖然也沒有明文規定電腦為保護標的,但卻有一概括性條款。所例示的項目,並非絕對的限制,凡是智慧創作能透過具體形象表達出來的,都可為保護對象。是以,英、美法院有此權限做此類解釋。即便如此,美國國會在一九八〇年還是立法追認了電腦軟體在著作權法上的地位。

反觀我國著作權法,並無類似的概括條款,而係採嚴格的列舉主義。將電腦軟體解釋為文字著譯,實在是過分牽強,難謂其符合立法意旨。

再者,英美著作權的侵害著重於民事上的賠償,比附援引,擴張解釋都不致遠離法理。而我國的著作權侵害官司,動輒處以刑事罰,如能任意將法條做擴張解釋,則不僅侵害人民權益甚鉅,更是違背「罪刑法定主義」的基本法理。

關於「罪刑法定主義」的原則,從最近法院判決「出租」錄影帶,不屬著作權法第三十三條所訂的侵害行為一案,便可見法院所秉持的態度。是以,蘋果二號及 IBM 的著作權的合法性,根本上是可懷疑的。

其次,行政機關是否有權限做此擴張解釋,更是值得商榷的問題。依中央法規標準法第五、六條的規定,有關人民權利義務事項不得以命令規定之。行政處分與行政命令同屬行政行為,依上述法規及「依法行政」的原理,自當受同樣的約束。內政部就法律所未規定的事項授予權利與某人,實已逾越了行政權的範圍,有違法之嫌。即使該授與著作權的處分,依瑕疵轉換的理論,並不絕對無效,當事人仍可提起行政訴訟,申請撤銷。而司法院更能依憑獨立的見解,為獨立的審判,絕無受其拘束的必要。

電腦軟體,是科技產物,也是人類智慧的結晶,應受法律保障是各國都不爭的事實,將之納入著作權範圍內也是一般的趨勢。但當法律有所欠缺的時候,我們只能積極要求法律儘速的修訂配合,以適應社會的需要,切不可為牽就現實,而損傷了法律的尊嚴和精神,坐令行政的逾越,破壞了司法的獨立。

法律與科技的衝激

然則,法律的儘速修正,就配合得了科技的快速發展嗎?

電腦由草創發明到刻在發展中的第五代智慧型電腦不過三十年的光景。這三十年間,從早期工、商業上的使用,而今已擴散到教學、娛樂、行政處理以及審判等各項功能上,更已深入到家庭和個人的生活圈裡。它不但在人類日常生活中扮演著積極的角色,也變更了人類社會生活型態。

電腦,由於它關係到人類日常生活,所以特別引起一般人民的關懷。也由於功能的特殊、複雜,導致法秩序中,財產權

受侵害、隱私權缺乏保障、機密洩露,而使各國傷透腦筋,不知應將電腦軟體的保護,歸之於著作權?專利權?抑或另立專法的好。甚至世界智慧財產權組織(World Intellectual Property Organization, WIPO)代擬了一項標準法規,各國基於工業發展需求的不同,也未必肯採用,都亟待重建一套自己的系統。

電腦不過是科技成果與法律發生衝激的一個例子,在其他科技領域內,亦有相同的問題。譬如專利權的授與,原來目的在鼓勵將發明公開,以使他人以之為基礎,能做更進一步的研究。但取得專利權繁雜的程序和冗長的權利時間,卻不能與科技發展的快速與專精相配合。以致在某些領域如生物學、遺傳工程等方面,阻抑了科技的發展,引發了科技界的質疑和全面檢討的呼聲。

法律,簡單地說,是人類社會生活中,具有強制力的,維持秩序的規範。法律絕對脫離不了社會,須與現實社會密切結合,才能發揮它規範的功能。當科技挾其瞬息萬變之力,改變了人類原本的生活文化時,法律就必須立即應變,來適應新的社會需要,規劃新的秩序。否則不但人類生活受到極大的傷害,科技發展缺乏完善的法律制度的支持也終將受到阻抑。

只是,法律本質上是保守的,修改的過程尤其緩慢,難望亦步亦趨的緊追著科技發展的腳步,更遑論引導社會的前進。為了使法律生命不致死亡,為了使科技能有正當的發展,加速立法的進度,為立法委員配置專業助理,使對各項新興問題都能精確而深入的掌握,固然是最直接的方法,但仍然不得不就傳統的法學概念及立法技巧做全盤的檢討,以尋覓出一條新的道路。

法律因應之道

自十八世紀法典成文化運動在歐陸勃興後,概念法學即一直支配著法學界。法官認事用法絕對要受法條的拘束,唯恐法官的自由裁決幅度太大,會侵及人民的權益。尤其在刑事法領域,由於對「人」的不信任,更是嚴格要求遵守「罪刑法定主義」。

但降至今日,科技的快速發展改變了人類社會生活文化時,莫說幾十年前制定的法律,勢必捉襟見肘,難以發揮規範的功能。即使快馬加鞭,立即應變修訂,立法者仍難逆料未來科技將有何等的演變。今日的法律,或許再用於明日便已落伍了。嚴守機械的概念法學的結果,因法無明文,使得盜版錄影帶的出租行為(此為最核心的現代侵害著作權的行為),被法院判決為無罪。反之,為了適應現實社會的情況,由行政解釋將電腦擴張成文字的著譯,又破壞了法律的精神。

更嚴重的是,如此不一致而矛盾的應用,全然傷害了法律的威信。

因此,為了因應科技的發展,逐漸摒棄嚴格的條文,而放寬概括條款和不確定概念的運用,將是立法技巧上必行的道路。譬如,英、美著作權法所採用的概括條款,便使新發明的傳播媒體只要能表達人類的思想的,均可歸之為創作,而受到法律保護。不僅如此,在其他科技與法律衝擊的領域內,亦莫不需要做此類似的規定,使法官能衡情度事,因應需要,做相當程度的自由裁量。

「法官造法」是科技發達時代不可避免的趨勢，但我們也不願見其過分的濫用，違逆了三權制衡的原則。因此，法官在解釋法條之際，更應把握立法精神。再者，此項擴張也應限定在民事行為上，切莫輕易的氾濫至刑事領域而侵害了人民的基本權利。其實，輕罪不罰是政府的政策，刑期無刑是安和樂利社會的指標。私權利的侵害，動輒以嚴刑處分，並不能收到預期的嚇阻效果。巨額的民事賠償，才是阻抑不當「圖利」行為的良方。

更重要的是，「概括條款」應用得當與否，完全取決於司法官的素養、學識和操守，因此專業化的紛爭更有設置專業法庭的必要。至於司法官素質的良窳，專業知識的有無，則又有賴於法學教育的鼎革了！

結論

人，終究是宇宙的主宰。科技再神奇，還是得在人所建立的制度下，方得正當的發展。法，又是制度的具體表徵。所以，科技與法律衝擊所產生的諸種問題，又豈是「法律科技化，科技法律化」等口號所能解決的？立法、司法和法學教育的適當改革和調整，此其時矣！

七十三年十月三十一日中國時報

我著作權法應保護電腦軟體

電腦軟體,是目前著作權法爭議最多的主題。

的確,電腦業的榮枯,關係著國家資訊工業發展前途。業者基於本身利益,多方呼籲,甚至進行立法遊說,這都是民主政治的正常現象。唯斟酌各項考慮,基於國家長期發展的前途而言,我們以為電腦軟體仍應迅速納入著作權法的保護範疇之內。因為:

第一,著作權法保護一切可透過媒體表達成具體形象的思想概念,原不問其為文學、藝術或科學的產物,也不問其是否須表達特定的感情。電腦軟體依一九七八年世界智慧財產權組織(World Intellectual Property Organization, WIPO)公布電腦軟體保護範圍法的定義,包括程式、程式描述及輔助資料這三者,都屬著作權法的保護範圍。

第二,國際上大勢已趨底定,並非如某些業者及專家所言,各國都採否定態度,而是絕大多數都將電腦軟體歸納於著作權法中。如一九八二年美國修正案,一九八四年澳大利亞及一九八四年的韓國法。西德、英國、新加坡、馬來西亞等國都由法院判例將電腦解釋為文字之著譯。而日本也已放棄立單行法的初議,將電腦軟體列為著作權法保護對象的修正草案已接近完稿階段。

第三,趙耀東先生一再強調國際競爭須適用相同的競爭規則。當國際間已有一致規則,而反仿冒意識又日漸高張的時候,

惟有我們閉關自守，關起大門抄襲他人產品，至多也只能在自家院內活動。當產品外銷至他人市場，立即遭受擋關禁運的處分，還要在他人國內負司法責任。豈是我們發展外銷所樂見的結果？對將來經濟發展的傷害也是可以預見的。

第四，國人極富創造潛力，這在最近幾年所開拓的品牌市場可為明證。但因長期保護政策，磨消了業界的志氣。因循懶怠之下，只知牟取眼前的近利，而忽略了長期的發展。電腦軟體列入保護，短期內雖會遭受不力的頓挫，卻正足以激發業界的鬥志，開發出完全屬於自己的成果。

第五，著作權法只保護具體的表達形式，並不保護隱含於內的觀念，只要技術上能掌握住觀念和形式的分野，國外新產品的觀念，並不能禁止我們採用發揮。

至於所爭執的，究應以程式或軟體為標的，則應集合業界及技術專家做詳盡的研討。其他如保護期間的縮短，權利取得的方式，強制授權的有無必要，由於電腦發展的極端快速，遠不同於一般著作物，都有待仔細的研究。

七十四年六月十八日民生報

著作權法也應保護外國人的作品

在保護著作權的呼聲中，最讓人躊躇不前的是：當我們在文化發展上仍仰賴外國甚深的此刻，著作權的保護是否會阻抑了我們科技的發展、教育的需要？龐大的權利金支出是否會導致利益的外流？對此，思之再三，我們更要堅定的呼籲，我們迫切的需要一部符合時代潮流的著作權法。而這部跟得上國際水準的著作權法不但保護我們自己人的創作，也要保護外國人的作品。

人類的文明，無不建立在知識的累積上，時尚的流行，不也就是極度的模仿？但是，模仿和利用他人的成就，都有一定的分際。否則，放任無盡的抄襲，恐怕人類的文明早已停滯，甚而死亡了。著作權法就是在這分寸之間，擔當著規範的功能。一方面保障著作人得以採擷辛勤耕耘的果實，使能專心致力於創作；另方面也啟發大眾有更進一步的創新。文明，因此而一步步的往前推動了。

著作權法是促進文化發展的動力，早在兩百多年前就已為歐陸先進國家所肯定，也是近年來我們積極傳播著作權的觀念，推動著作權法修訂的重要原因。

但，為什麼也要保障外國人的作品呢？主要是基於下列的考慮：

Ⅴ 春華秋實——著作權的豐富內涵

一、法律應具有一致性

法律應一秉至公，示人以規矩。為了激勵創新，建立「知識也須付代價」的正確觀念，立法保障國人的創作，但卻為了眼前的利益，排斥對外國人的保護。此種雙重標準，怎能去匡正目前瀰漫著功利思想的社會風氣？又如何去教化人民尊重他人的權利，進而培養法治精神？而面對國際上的公憤如不採取果斷的行動，我們「海盜王國」的惡名，恐怕是更難加以洗清，反貽人以攻擊的口實。甚而以此來挾制我國的對外貿易，干涉我國內政。政策上的「功利」導向，所帶來的諸多弊端，即使僅從經濟利益上來計較盤算，也是不划算的！

二、經濟上我們有支付的能力

近年來，我們總自得於經濟發展上的奇蹟。事實上，我們也被稱許為亞洲四小龍之一，為「新興工業化」國家。對外貿易居全球第十六位，外匯存底遠超過許多國家，而國民所得已達年收入三千美元。如果此時還藉口無力支付科技發展和教育需要，所使用外國作品的權利金，甚至堅稱仿冒是開發所必須，是說不過去的。更況，我們遭譴責的行為，極少是為了開發所必要，而絕大多數是商人不顧商業道德，汲汲營利的勾當。為富以盜，將使我們文化古國之名蒙羞。

更進一步看，日本在十九世紀明治維新時期，同樣需要積極西化，吸收科技。同樣是資源缺乏的海島經濟，可是日本卻也在當時制定了著作權法，加入了國際組織。權利金並沒有拖

垮日本的經濟，反而在合法範圍內的模仿創新，締造了今日睥睨一世的經濟強勢。倒是那些始終強調自己窮困，欲佔人便宜的國家，就始終難以掙脫貧窮的困境。

三、以價制量，防止外來文化的氾濫

　　二十世紀以來，美國淺薄的物質文明挾其雷霆萬鈞之勢，不斷地入侵世界各地。不止在落後國家，甚至連歐洲，都是有識之士最大的隱憂。也因此這幾年來，本土文化紛紛覺醒抬頭，各國不但對古文物的維護不遺餘力，甚至國際組織也特別注意民俗文化的保護。著作權若只適用於保護本國作品，外國作品因無權利金的負擔，勢必因價廉而更行充斥於市面，造成嚴重的強勢文化的入侵，而使本土文化更形萎縮。同時，國內作品以高價位來與從各種途徑流入，因無著作權保護，而公然上市的外國盜印品的低廉價格相競爭，該是多不公平的競爭。對國內著作人的創作意願，又是何等大的傷害。

　　台灣向來自詡為文化大國，更以傳承文化道統自居。若以保障本國文化的本意，竟弄巧成拙，反而傷害了本土文化的發展，應是政策當局所未料見的。

四、文化交流須有國際性規則

　　縱使各國文化有其固有特色，但尋求國際間的交流合作，已是不可避免的趨勢。而國際間的交流，唯有建立在相同競賽規則的基礎之上才有其可能性，否則只有自絕於國際社會。美國的舊著作權法與國際標準有段距離，因此始終不能加入伯恩

公約為會員國。直到戰後國際上為了遷就美國,乃另訂環球著作權公約,彼此做某種程度的妥協。而美國也積極進行國內法制的改革,終於一九七六年做了最大幅度的變更。

再以目前電腦的爭執為例,當大多數國家在無可奈何之下,仍將電腦軟體的保護納入著作權法時,如果我們執意為了國內抄襲的方便,而將電腦立法因循延宕下去,恐怕一則,國外最新的技術不再願意輸進台灣,再則,國內法律保障仿冒下的成品,終難進入國際市場。即使有了市場,依外國法標準,在當地也會受到追訴。其間,利弊立判。國內立法,又豈能目光如豆,阻斷了自行創新的生路。

所以,智慧財產權的保護,不僅在法制上要從速建立起正確的觀念。對外國作品的保護,也應不分軒輊。在取得權利的程序上給予相同的保障,切莫以閉鎖狹隘的眼光,自行招致不必要的困擾。

如果我們堅持仍屬於開發中國家,對外國作品有實際上的需要,則我們仍可透過下列途徑達到合理的目的:

1. 縮短外國著作權的保護期間,一如電腦軟體等特殊著作物,始能早日開放為公共物,以利一般人民的利用。

2. 保留具教育性質著作的翻譯權和重製權,僅支付國內標準的權利金,即可強制外國著作權利人,授權給國內為教育和科技上的應用。此為一九七一年羅馬公約對開發中國家所做的融通規定,我國內法亦不妨採用。

3. 透過外匯管理辦法,規定在給付給外國人的權利金中徵收一定比例的文化基金後,始得匯出國外。利用這筆基金,

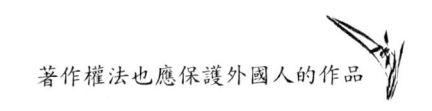

正是我們發展文化的雄厚本錢,也能替政府分擔了不少的財政困難。

七十四年九月十三日聯合報

V 春華秋實——著作權的豐富內涵

免費獲得翻譯權的時代不再有了

　　翻譯，是最有效吸收新知的方法，也是使科技植根和本土化的不二法門，其重要性不須言喻。也因此，我國自有著作權法以來，便一直保留著翻譯權，對外國人著作的保護，即使在互惠原則下，也將翻譯權排除在外。

洗刷惡名提升文化形象

　　但是，在我國經濟貧困的年代，要免費獲得翻譯權，或許還能自圓其說。而今，我國對美貿易順差高達兩百億美元，還斤斤計較於絕對遠低於重製權權利金的支付金額。不趁此洗刷盜印王國的惡名，那就說不過去了。

　　所以，問題之所在，並非吝於權利金的支付。事實上這幾年來，國內正當經營，具有規模的出版公司，已逐步建立尊重著作權的制度，主動徵詢同意，並付費給著作人。問題癥結在於過去曾有過：或因政治因素、或因經濟利害、即使主動付費，都依然會因政治、外交、外貿等壓力而難以如願取得翻譯權，反而阻斷了吸收新知的管道，是再多金錢也難以彌補的損失。了然於翻譯權對科技、學術發展的重要性之後，則非竭盡全力來爭取翻譯的自由不可。而爭取翻譯權，又除建立強制授權制度外，難竟全功。

免費獲得翻譯權的時代不再有了

我應爭取降低文化依存度

無論「伯恩公約」(The Berne Convention for the Protection of Literary and Artistic Works) 或「環球著作權公約」(Universal Copyright Convention, U.C.C.),都以歐美文化上的強勢國家為主幹。亞非開發中國家,除在獨立前由其母國帶進著作權的國際社會外,一則,因經濟窘困,付不起費用。二則,因文化的依存度太高,只有輸入,沒有輸出,很少有對加入著作權的國際組織有興趣的。為了鼓勵開發中國家參與,也為了文化交流的人道理由,伯恩公約及 U.C.C. 同時在一九七一年於巴黎修訂有關翻譯權和重製權的強制授權規定,給予開發中國家較優惠的條件。其重點為:

1. 為了教育、學術、研究之所需,在無法取得權利人授權的情形下,可以縮短通常強制授權的期限,如以三年取代一年,將普通作品翻譯成英、法、西以外的文字。重製權的強制授權,則依著作物種類而分,一般作品為首次發行後五年,或授權半年內尚未發行者;自然科學、物理科學及技術著作,時間縮短為五年;小說、詩歌、戲劇、音樂作品和藝術書籍則延長為七年。

2. 翻譯權和重製權的權利金,都以當地合理標準計算,以減輕開發中國家之經濟負荷。

引用上述優惠條件,最關鍵之條件,須為「開發中國家」。美國最近之草約,所以異於民國七十四年者,即在於此。因此,此項爭議,勢必是談判焦點。台灣現居世界十五大貿易國之內,外匯存底超過七百億美元。卻仍堅稱自己是開發中國家,恐難

以服人。唯有擺出文化上的弱勢,雖然從文化古國,遽降為文化侏儒,是情何以堪。但為了現代化的發展,也只有無奈地出此下策了。

其次,面對強制授權制度,不是提出基本條件就算完成的。之前,需要先設立一個總其成的中介機構,彙集所有的著作權資料,提供國內使用人查詢。這其間,還要規劃出授權的程序、權利金代為收取、匯出方案,乃至於如同其他商品,可由國家法律訂定一定比例的關稅,提供為行政費用及文化發展的基金。在這些細節定案之前,強制授權辦法只是紙上談兵,不能付諸實踐。也唯有將這等細節制定妥當,提出於談判桌上,才能顯示我們準備充分,和爭取授權的決心。否則,翻譯權開放之後,強制授權法仍虛懸著,沒有談判的籌碼,還上桌做啥。

翻譯權的談判,若注意下列事項,或許可為我們增加些籌碼:

1. 估算出每年翻譯權和重製版權權利金的支出,堅持自貿易逆差中扣除。至少就國家整體利益而言,未必是毫無補償的損失。何況,與其以外匯購買傷害國人健康的菸酒,剝奪農民血汗的農產品,不如購買文化產品,以提升國內的文化水準。

2. 翻譯權的割捨,關係著文化前途。然而,美方僅以其為經貿問題處理,談判主角為專利商標局的官員甘普(Michael Keplinger),全無主管著作權業務人員參與。甚至其國立圖書館著作權辦公室,原來經辦台灣著作權業務的官員退休後,迄今尚未補實。我方不妨要求將之轉化為文化課題,從文化交流和扶助文化弱勢者的立場著眼,或許較能獲得諒解。

3. 美方既以國際公約為談判基礎，我國現非 U.C.C. 的締約國，並未能享受公約對開發中國家輔助的好處。不如趁此談判機會，要求美國設法以變通方式，協助我們也能享有公約的權利，而非僅盡義務而已。

4. 強制授權制度，非僅對美國有所需要，將來對其他國家，甚且自己國內創作，亦須立即建立。鑒於國際條約和國內法的優先適用問題始終有所爭執，對美翻譯權的開放，也應先行修改國內法加以配合。

5. 至於談判人才的培育已是老生常談，目前，至少需避免美國籍人士參與。平日即為美方利益的代理人，如列為我方代表，不但在法律上，有雙方代理之嫌，對國家尊嚴也是不必要的傷害。

培養專譯人才帶動風氣

翻譯對文化發展的重要，是知識界的共識。但國內對翻譯的輕視、搶譯之風鼎盛，素質參差，也是不爭的事實，爭取翻譯權的同時，國內該如何倡導翻譯，提高翻譯地位、培育專業人才、做譯名規劃等，也都該有統籌的機構，妥善規劃。

至於尊重著作權的觀念推廣，連中共為了加速四個現代化，都不能不加以重視，可見其重要性。白吃午餐的年代已過去了，國人亟需建立「使用付費」的責任觀念。何況保護著作權的確是激勵創作，促進文化發展的良方。以台灣今日的經濟條件，再不能自外於文化的國際舞台了。

Ⅴ 春華秋實——著作權的豐富內涵

因應國家需要制定政策

至於出版界的利益,政府自應重視。惟政策的釐訂,應以國家發展為前瞻性考量。只要事前進行過充分的協調溝通,掌握正確方向,便應以「雖千萬人吾往矣」的精神,堅定執行。此次談判的準備,仍然消極被動、十分不足。但主管機關開放,並肯博採眾議的態度,倒為政策的釐訂樹立了典範。

翻譯權是必須堅守的城池

雖然政府始終未曾公布中美著作權諮商會議的內容,但可想而知,翻譯權是此次談判桌上的主題。翻譯權關涉先進文明的轉化及科技發展的升級,對我們的現狀來說,實在不得掉以輕心。

我們一向不遺餘力的推動著作權的保護及法制化,希望我國著作權保護制度能達到國際水準。

這是因為著作權所保障的文學、藝術以及各項反映在生活中的普遍性文化,具有獨立性和民族特色。開放對外國著作的保護,除了為了恪遵國際道義和尊重權利的原則外,也可藉能力範圍內權利金的支付,防止外國作品以低廉價格傾銷;以不公平的競爭方式,來打擊本國出品的文化產物。在我們仍居弱勢文化的階段,暫時忍受陣痛來擺脫國人對外來產物的依賴和偏愛,使我們的文化創新能保有生機。

然而,科技發展卻不同,科技須循序漸進,我們對西方科技大國具有強烈的依賴性,不能插班跳級。當初級技術尚未成熟時,絕無能力升級到高層次去。因此當國內核准的發明專利百分之八十以上都掌握在外國人手中時,我們除了任外人宰割,予取予求外,工業升級談何容易?這是保護智慧財產權聲中,不得不予以區別,而應有不同處置態度的。

翻譯權的地位正處在這兩者之間,涉及文藝與科技性的作品,前者不妨尊重外國人的著作權,以符合國際間的要求;後

者正可透過翻譯將國外的先進科技轉化成本國語言,這樣才可以使之在國內植根。假以時日,移植來的科技文明才能和固有文化融為一體,突破瓶頸,不再是永遠須要仰人鼻息的外來物。前些時「科技中文化」運動便有此意,日本早年的經驗也可為我們的前車之鑑。

其實,主張保留科技的翻譯權,也並不違背國際間的共同利益。第一,翻譯並不影響原著的固有商業市場;第二,七〇年代以來,亞非開發中國家本土意識覺醒,對西方文化產生心理上的排斥。西方國家為促進文化交流和平衡彼此間的差距,協助開發中國家,已是西方世界不可抗拒的人道精神與責任;因此,第三,一九七一年生效的巴黎公約條款(伯恩及環球著作權公約附款)都曾為開發中國家保留了翻譯權和重製權的強制授權。當然,這是有條件的,並限定於以教育、研究為目的的使用上。只為牟取暴利、罔顧法令道德的侵權行為,一向還是深受譴責的。

最近的大英百科全書事件,更給我們深深的警惕,如輕易放棄了翻譯權,爾後中共以買斷台灣翻譯權為條件,來挾制外國的授權。這將是一樁極其可慮的事。因為外國出版商懾於大陸的廣大市場及政治聲勢,無有不從的。倘我們失去翻譯權,屆時再談科技引進,豈不難如登天?這是參與談判者不得不三思而必須謹慎從事的。

七十四年十月二十三日民生報

為音樂著作權團體借箸代籌

先進國家早有範例

音樂是使用最頻繁廣泛,卻又最難以靠音樂家個人力量保障的創作。早在一八五一年法國便首創音樂著作權團體,結合作曲、作詞和樂譜出版人,透過專業而高效率的行政作業,共同向公開營利的音樂利用人收取使用費。再以精確的計算公式,依比例分配給權利人。同時也從收入中撥出一定比例的數額,來從事照顧年老的音樂家、鼓勵年輕音樂家,以及其他音樂文化建設工作。

這種團體自從廣電媒體興起,音樂使用量大增,其重要性更是與日俱增,迄今,美日英德等國的類似團體每年收入高達數億美金,其牽涉之利益極廣,對音樂文化發展的影響尤大。

我國從來沒有音樂著作權團體的存在,因此所有保護音樂著作權的法規都只是空中樓閣,不能落實。直到去年七月著作權法修正完成,賦予音樂著作權團體成立的法律依據,這才使對音樂家的權益保障,有了付諸實踐的轉機。

著作權法規定欠妥

遺憾的是,新著作權法竟一反全世界既有的成例,使利益完全對立的權利人和使用人共同組成法人團體,全然違逆了這種團體是向利用人收取使用費的基本功能。依據經驗法則,除

極少數的例外,我們民間的團體即使利益共同者,都容易為少數人所把持,難以發揮其原始目的。如今,以如此簡陋的法規,硬生生的將利益相對立的兩人,聚於一堂,將來如何運作,實不能不令人憂心忡忡。

尤其,依照著作權法第二十一條,所謂利用人,既不限定於營業者,則當然包括曾經利用過音樂的任何人。換言之,全國國民均可加入,為該團體之成員。如此龐大的團體與國家何異?只不過是私法人罷了,這樣的團體又該如何運作?

如果勉強將法意限於為營業利用人,尤其是營業量大的廣播電視及唱片、音樂帶錄製業者,其運作亦必會產生下列的困擾:首先,音樂家一向勢單力孤,多數既無財又無勢,更缺法律知識,如何與財大氣盛,高薪雇有法律顧問,又是音樂家衣食父母的企業組織在會議桌上抗衡。更何況,現在的音樂創作大都已賤價傾售給了企業,音樂家能受到的實質保障又有幾許?

其次,萬一商業利用人以其雄厚的財勢,操縱舞弄該團體,則非但音樂家不能蒙受其利,社會大眾反倒要先受其害了。

其三,最令人憂慮的還是,台灣功利思想瀰漫,連公營電視台都以營利為取向,而尊重著作權的觀念更有待逐漸建立。在這種情形下,期望營業利用人,尤其是一向以盜仿巧取為能事的商人加入團體,來共同保護音樂著作權,這種超道德的,盲求和諧的理想,揆諸現實社會環境條件,無異於與虎謀皮。

保護著作權的觀念,本來源自西方,立法定制也仿自西方。音樂著作權團體在西方有一百三十餘年歷史,其組織運作皆已制度化。縱使認為仍有瑕疵,也不過是在權利金的分配上力求

公平合理,從未有將利用人納入組織者。最重要的是他們的團體對音樂家的保障,對音樂文化的貢獻是有目共睹的。如今,我們剛剛起步,不去參考他人既有的建制,反而夜郎自大的,妄稱是超越歷史,獨步全球的設計來閉門造車,未興其利先防其弊。著作權法如此粗率、罔顧情理的規定,不免令人對立法過程中有利益團體操弄的流言,疑懼參半了。

應速修正以免爭議

於今之上策,莫如立即修改法律,回復音樂著作權團體應有的單純原貌。由法律詳細規定其組織、權能,再由主管機關嚴密監督。使用費率或由政府訂定,或交付立法機關審議,或經與利用人團體協商。有爭議時再交仲裁機關仲裁。如此才能方便運作,又不虞音樂團體權力過度膨脹。

至於利用人之保護,毋寧屬於消費者保護問題,如不欲納入現成的消費者團體中,亦不妨另行成立維護權益的組織,以與權利團體相抗衡。唯有如此,才可能達致真正的和諧。

退一萬步論,法律若萬萬不能修訂,則唯有在同一組織內分別成立權利人與利用人委員會,各自獨立,掌理不同業務,互不干預。有需要協調之事件,再交由中立的仲裁委員會裁決,或許能使二者利益兼顧而不生偏頗。

成立團體不可草率

無論未來的音樂著作權團體以何種方式成立,終究必須具備下列四項基本條件:

1. 領導人不但要為音樂界所一致推崇敬佩,更要具有國際聲望,以促進國際間的合作,擔負將來不可或缺的國際業務。萬萬不能政治掛帥,徒具虛名,反而為其他別具用心的人所操縱。

2. 絕對健全的組織,尤其是強有力的意思機關,以免權力為少數人把持,而流於專擅恣意。此外,由於此一團體牽涉龐大利益,還須防止不相干的人染指,這就有賴音樂界自身的共識與團結了。

3. 行政業務必須聘雇絕對專業的人才。如會員和團體間權利義務關係的釐訂,與使用人的契約,使用費的收取和分配,以及訴訟事件都需最專精的著作權法知識。此外,財產的管理,音樂的監聽亦非一般事務人員所能勝任,有賴各行各業的專家擔當才可。

4. 主管機關除迅速妥善擬訂監督輔導辦法外,還須慮及強勢文化的壓力。若無相關外匯管理辦法,諸如限制權利金的全部匯出,或全在國內轉投資等未雨綢繆的方案,以目前使用國外音樂佔絕對多數的情況,終會使音樂團體為他人做嫁,外國音樂家飽享實益,我們卻白白損失了國家的外匯。

力求單純發揮功能

目前成立的音樂著作權團體的籌備會議,似乎是附屬在現有的著作權人協會之下。事實上,由著協推動協助並無不可,但新團體應該是絕對獨立而新成立的社團法人。一則,著作權法第二十一條規定乃指成立新的法人團體,並非現有的社團之下另行成立分會。二則,音樂著作權團體成員及功能固然單純,

但工作複雜,組織龐大,與現有著協綜合性的性質絕不相類。如建制於著協之下,仍受著協會員大會及理事會等與音樂無關之人的監督掣肘,其功能實難發揮。三則,在民主開放的社會,應鼓勵民間利益相同的人組成團體,分擔政府的責任。太過龐大官僚的組織已為行政學者所詬病,而民間團體也因能擺脫層層節制,方能發揮靈活高效率的優越性。著協以其既有的成績,可發展研究的事務尚多,對音樂著作權團體的組成,何妨著眼整體利益,樂觀其成。

七十五年一月十二日中國時報

V 春華秋實——著作權的豐富內涵

談中共的著作權保護

前言

　　中共有著作權法嗎？答案當然是否定的。在一個連言論、發表都毫無自由的社會，怎麼可能有保護著作權的念頭？不過為了討論的方便，我們仍稱之為「著作權」。

　　從最近一次著作權的座談會中，傳出中共向美國購買書籍，及有參加世界性著作權組織的企圖。且不論大批購買原版書籍，是否就表示中共有尊重外國人著作權的誠意，倒是參加國際性著作權合作組織，首先需有一部合乎世界潮流的國內著作權法來配合。在舉世不斷擴張著作權法保護的範圍，簡化取得著作權的程序，廢棄藉登記之名行出版檢查之實，而普遍將一經創作即時取得著作權的「自然發生」主義的今日，我們不妨來看看中共究竟有無著作權法？即使是有，又是個如何的規定。

中共的法制

　　中共在一九四九年，即廢止了一切由國民政府立法院制定的法規，當然也包括了一九二八年頒布，保障著作人權益，促進文化發展的著作權法。此後，中國人民政治協商會議制定了「共同綱領」，一九五四年頒布憲法，到一九六六年文化大革命期間，中共頒布了多如牛毛的法令，光是屬於文教方面的就有六百餘件。不過中共的法律是鎮壓階級和人民敵人的工具，

而人民則指的是工人、貧民及中下農人、革命幹部、解放軍及烈屬,所謂的紅五類,與民主社會的法律意識是大相逕庭的。尤其在「政治掛帥」,以國家計劃經濟,國家領導文化為原則的統治下,其法制大致遵循著蘇俄共產主義的路線。

不過,我們還是可以檢討一下中共就著作權的保護,曾有過何等規定。

中共沒有形式上的「著作權法」,但在其他行政法規中可尋出若干保護著作權的蛛絲馬跡。早在一九五〇年八月中共國家政務會議的決議中,指明了應就發明、技術改進、精良產品的製作給予獎勵。其詳細辦法授權由隸屬於國家政務會議的文化教育委員會擬訂。在一九五〇年全國出版會議上,也做成了五項決議,不但指出著作人不受應出售其全部權利的限制,而且規定,無論公、私營的出版商都應尊重著作人的著作權。第二號決議明文規定,凡未經授權的印刷、抄襲、改作都是被禁止的。

中共著作權的國內保護

此外,還有一九五一年十二月二十一日經政務院(現已改稱國務院)第一百一十六次政務會議通過,一九五二年八月十六日由政務院正式頒布的「管理書刊出版業印刷業發行業暫行條例」,不但規定書籍出版、印刷及發行的管理登記辦法。並且在第八條第七款中規定:凡經營書刊出版業者不得侵害他人之著作、出版權益。從上述這些規定,在理論上,我們可以說中共的作者不但擁有不可任意侵犯的著作權,也有被認知為著作人的道德上的權利。

Ⅴ 春華秋實──著作權的豐富內涵

但,事實上,文學、藝術在中共的統治中,是一項政治工具。一九四二年延安會談時,毛主席就指出文藝應為大眾服務,政治指導文藝,進而結為一體。一九六三年的指導原則又重申此意。到一九七五年中共修訂憲法,更在第九十二條指出,無產階級在文化上超越並領導資產階級。文化、教育、文學、美術、體育教學、健康工作和科學研究全應為無產階級的政治服務,為工農兵大眾服務。作家的作品,其內容完全須遵循黨指示的路線,無從自由創作。縱使有保護著作權的規定,但與著作權藉激勵著作人的創作,進而促成整體文化的進步是大不相同了。

著作權的保護不外從財產權與人格權兩方面著手,我們從下面的事實即可探知中共所謂「著作權」的實質意義。

在共產主義下,平均人民的財產是最大的社會目標,人民不許可有薪水以外的其他收入,至於工作,都出於黨的指派,個人的私產,是資產階級的餘毒,為共產社會所禁止。因此,著作家除了工作上的酬勞外,不許可有稿費或版稅。在文化大革命前,也就是一九四六至六六年代,稿費倒是被認可的,不過給稿費的作品限定在:(1) 馬列作品的中文翻譯品;(2) 宣傳或政治學習的大量作品;(3) 社會科學的原始創作及該等作品的中譯本。

給酬的標準按作品長短,和複印的多寡計算,大致上是從一千字九塊到十五塊人民幣(一九五五年幣制改革後的幣值)。

發表在報章雜誌上的短篇小說通常都是政治活動下的產品,為政治學習的目的而作成的,並不給酬,但有時也按複印的數目,略給象徵性的報酬。

這種種版稅的觀念,本就十分淡薄,在文革後,就完全不存在了。職業作家的作品是奉獻給工農兵大眾的,算是人民公社的產品,或是工業成品。至於作家的生活則由地方上的文化行政機構照顧。在文革前,作家聯盟還負擔一部分作家生活上的責任。但在文革時,作家聯盟被指控孤立作家,脫離群眾路線,所以從那時候起也就解散了。

至於業餘的作家,在工作之餘,從事所謂文字、藝術的創作,那更是奉獻給民眾的,談不上商業上的價值。因此通常作家的權利當然無條件的轉讓給國家和黨所有。著作物的使用,也成為國家和黨所壟斷獨占的了。

由國家和黨徵用作品,在共產國家的意識裏,和自由國家的強制授權(compulsory license)是截然不同的。一般強制授權,是因該作品有利國計民生,或能加速文化的進步,不讓著作人藏諸名山,強迫其公開,由國家徵收,供大眾利用。相對的,也要有國家或使用人付給作者相當的權利金(Royalty)。在中共大陸,所謂徵收,不論其作品是否有益社會,不論作者是否願意,只以基於政治原因,一律以強迫的手段收歸國有,而毫無賠償。

大字報可說是中共社會的特殊發表方式。發表的主題和內容全須由黨來指定。大部分大字報的內容都大同小異。攻擊王光美的罪狀,可一字不移的用之於攻詰江青。在人民必須以攻擊他人以自保的社會裡,即使小學生也能下筆萬言,言詞尖刻。其中固不乏瞞過黨的監督,真正表達人民心聲的作品,如李一哲的大字報,和要求人權自由的呼聲,或其他文學作品,能不

遭整肅的命運即屬大幸，遑論著作權的保護。而著作人本人也不過要求表達的自由，還不及顧到作品財產和精神上的價值。

教科書的應用，在中共的制度下，須先經專家鑑定其價值，而且多數由集體創作，依照黨的領導，循其路線，編製而成。以大學為例，多由教授及學生組成委員會，在黨的領導下編製教科書。中學教科書則以省為單位，由公家機關制訂。少數學校可獨立使用影印本，但當然不能脫離政治指導的原則。

在中國大陸，根本不需要建立出版物檢查制度，政治指導早已把出版物都定了型，事實上已經控制了能夠出版的作品，更況《管理書刊出版業印刷業發行業暫行條例》第八條第五款，明白規定，書刊出版業不得印行違反中國人民政治協商會議共同綱領及政府法令之書刊。同法第九條第一款又規定，經營書刊印刷業者不得承印政府明令禁止出版之各種書刊。第二款規定，經營書刊印刷業者不得承印違反中國人民政治協商會議共同綱領及政府法令之書刊。而書刊發行業者依同法第十條第一款的規定，不得發售明令禁止發行之各種書刊。在在都嚴格控制了出版品的內容。

此外，嚴格限制出版品的流通，從事書刊的流動供應，要先經當地行政出版機關的許可，也使出版物核查制度無用武之地。不過在某些方面，形式上，中共也採取民主國家的作法，一九五五年國家會議的指導辦法中還是規定出版人要繳一本著作給北京的國立圖書館，一九五五年的文化局通則還禁止黃色書刊的流通，規定應予以沒收。

中共著作權的國際保護

中共至目前為止,尚未參加任何國際著作權合作組織,不過曾以雙邊條約的方式,和其他國家進行文化合作。但大多偏重科技方面,如一九六四年一月十三號與阿爾及利亞簽訂的文化合作協定,和著作權幾乎沒有什麼關係。即使有,也都限於廣播方面的技術合作,甚少文藝活動。

基於國際間雙方互惠,國民待遇的原則下,由於中共內部文化保護的貧乏,所以中共人民的作品在國外是可以享受到遠較國內為優越的保護。只可惜中共人民在極端壓抑下產生的文藝作品及中共認可的小說,雖可流通國外,但根本沒有市場價值,從來也沒有人願意盜印、仿造或抄襲。真正有價值的地下作品,又難以流通到國外。即使中共與其他國家訂有著作權保護的雙邊條約,實質上也是毫無意義的。唯一可以找到中共人民著作權在國外受保護的例子,是在一九七四年,經由中共駐奧地利大使館的授權,一個瑞士出版家以德文翻譯了一本中共人民的小說。此外,再無任何有關著作權的紀錄。其他非小說性的出版物,即使如法規彙編等刊物,都是蓋上「內部使用」的鈐記,禁止流通,僅限於官方使用的。

至於外國人的作品在中共大陸的情形,根據一九六七年北平外語刊物的報導,毛主席是鼓勵中國大陸吸收西方文化的。所以理論上,外國人的著作物在中國大陸也應該受到國民同等待遇。換句話說,也就是同樣的毫無保障,因為中共根本沒有著作權法。所有在《管理書刊出版業印刷業發行業暫行條例》

上的保護著作權、版權的條文，不過為具文，並無具體內容。著作權如何取得都無規定，更毋論其保護範圍，既有的不過是嚴苛的控制辦法。如勉強尋求對外國人作品的特殊規定，當屬《管理書刊出版業印刷業發行業暫行條例》第十條第二款的規定，非法進口的國外書刊不得發售。書籍的進口業務由北京的中國國際書店負責，一九六三年成立的外語出版局則負責外語刊物。此外，受外國著作權保護的書籍，翻譯成中文在中國境內銷售時，須支付相當的費用給原作者，並須加註著作權標記，同時不准出口。這些許的權利的尊重，已讓外國人欣喜若狂。事實上，這些規定與民主國家的保護相較，卻是微不足道的。

後語

綜觀中共的著作權，作家所享的權利有：(1)他人雖可任意翻譯其作品，但變更內容須經其同意；(2)可表現著作人的身分，這些都屬著作人格權的範圍。至於財產上的利用價值，在文革以後，事實上已蕩然無存了。至於現代著作權所有的諸如期限、轉讓、排他特權等觀念，是自始即不存在的。以如此落後的一種法制和觀念，即使中共有心打入國際社會，恐亦難為國際組織所接受。不過由此問題所引發而值得我們深思的，倒是著作權在文明國家中所應具有的地位，即令是共產國家也都不敢予以忽略的了。

六十七年十二月中國論壇第八卷第五期

國家圖書館出版品預行編目資料

疾風勁草——著作權的風雨歲月 / 賀德芬著.
初版. -- 新北市永和區：Airiti Press, 2011.03
　面；　公分

ISBN 978-986-6286-31-5 (平裝)

1. 著作權法　2. 文集

588.3407　　　　　　　　　　　　99022028

疾風勁草——著作權的風雨歲月

作　　者／賀德芬	出 版 者／Airiti Press Inc.
責任編輯／黃馨儀	新北市永和區成功路一段80號18樓
校　　對／江佑中	電話：(02)2926-6006　傳真：(02)2231-7711
美術設計／鄭羣潔	服務信箱：press@airiti.com
	帳　戶：華藝數位股份有限公司
	銀　行：國泰世華銀行　中和分行
	帳　號：045039022102
	法律顧問／立暘法律事務所　歐宇倫律師
	Ｉ　Ｓ　Ｂ　Ｎ／978-986-6286-31-5
	出版日期／2011年3月初版
	定　　價／新台幣 NT$ 280 元

版權所有・翻印必究　Printed in Taiwan